CLASSEMENT DES RANDONNÉES

Très facile   Facile   Moyen   Difficile

Avertissement : les renseignements fournis dans ce topo-guide sont exacts au moment de l'édition. Toutefois, certaines transformations du paysage engendrées par l'urbanisation, la création de nouvelles routes ou lignes ferroviaires, l'exploitation forestière ou agricole, etc., peuvent modifier le tracé des itinéraires. Le balisage sur le terrain devient alors l'élément prioritaire du repérage, avant la carte et le descriptif. N'hésitez pas à nous signaler les changements. Les modifications seront intégrées lors de la réédition.

1ère édition : juin 2002 - mise à jour en avril 2004
© Fédération française de la randonnée pédestre 2004 / ISBN 2-85699-927-1 /
© IGN 2002 (fonds de carte)
Dépôt légal : décembre 2004

Les Départements de France *à pied*®

L'Ariège *...à pied*®

40 promenades et randonnées

CONSEIL GÉNÉRAL
COMITÉ DÉPARTEMENTAL DU TOURISME

www.ffrandonnee.fr

association reconnue d'utilité publique
14, rue Riquet
75019 PARIS

Vue sur la ville de Mirepoix, les coteaux et le massif de Tabe. *Photo A.B.*

INFOS PRATIQUES — p 6

Choisir sa randonnée. Quand randonner ?
Se rendre sur place .... p 6-8
Boire, manger et dormir dans la région .... p 8
Comment utiliser le guide ? .... p 10-11
Des astuces pour une bonne rando .... p 12
Où s'adresser ? .... p 15

DÉCOUVRIR L'ARIÈGE — p 17

LES PROMENADES ET RANDONNÉES — p 22

BIBLIOGRAPHIE ET CARTOGRAPHIE — p 125

INDEX DES NOMS DE LIEUX — p 128

Choisir sa randonnée

Les randonnées sont classées par ordre de difficulté.

Elles sont différenciées par des couleurs dans la fiche pratique de chaque circuit.

très facile Moins de 2 heures de marche.
Idéale à faire en famille, sur des chemins bien tracés.

facile Moins de 3 heures de marche.
Peut être faite en famille. Sur des chemins, avec quelquefois des passages moins faciles.

moyen Moins de 4 heures de marche.
Pour randonneur habitué à la marche. Avec quelquefois des endroits assez sportifs ou des dénivelées.

difficile Plus de 4 heures de marche.
Pour randonneur expérimenté et sportif. L'itinéraire est long ou difficile (dénivelée, passages délicats), ou les deux à la fois.

Durée de la randonnée

La durée de chaque circuit est donnée à titre indicatif. Elle tient compte de la longueur de la randonnée, des dénivelées et des éventuelles difficultés.

Pas de complexe à avoir pour ceux qui marchent à «deux à l'heure» avec le dernier bambin, en photographiant les fleurs.

 # Quand randonner ?

■ **Automne-hiver** : les forêts sont somptueuses en automne, les champignons sont au rendez-vous (leur cueillette est réglementée), et déjà les grandes vagues d'oiseaux migrateurs animent les eaux glacées.

■ **Printemps-été** : suivant les altitudes et les régions, les mille coloris des fleurs animent les parcs et les jardins, les bords des chemins et les champs.

■ Les journées longues de l'été permettent les grandes randonnées, mais attention au coup de chaleur. Il faut boire beaucoup d'eau.

■ En période de chasse, certaines randonnées sont déconseillées, voire interdites. Se renseigner en mairie.

Avant de partir, il est recommandé de s'informer sur le temps prévu pour la journée, en téléphonant à Météo France : tél. 32 50, Internet : www.meteo.fr

 # Pour se rendre sur place

En voiture

Tous les points de départ sont facilement accessibles par la route.
Un parking est situé à proximité du départ de chaque randonnée.
Ne laissez pas d'objet apparent dans votre véhicule.

Par les transports en commun

■ Pour les dessertes SNCF, les horaires sont à consulter dans les gares ou par tél. au 36 35, sur Minitel au 3615 SNCF ou sur Internet : www.sncf.com

■ Pour se déplacer en car, se renseigner auprès des offices de tourisme.

Où manger et dormir dans la région ?

Un pique-nique sur place ?

Chez l'épicier du village, le boulanger ou le boucher, mille et une occasions de découvrir les produits locaux.

Pour découvrir un village ?
Des terrasses sympathiques où souffler et prendre un verre.

Une petite faim ?

Les restaurants proposent souvent des menus du terroir. Les tables d'hôtes et les fermes-auberges racontent dans votre assiette les spécialités du coin.

Une envie de rester plus longtemps ?
De nombreuses possibilités d'hébergement existent dans la région.

Boire, manger et dormir dans la région ?	ALIMENTATION	RESTAURANT	CAFÉ	HEBERGEMENT
Ascou		X		X
Aston		X	X	X
Aulus-les-Bains	X	X	X	X
Auzat	X	X	X	X
Ax-les-Thermes	X	X	X	X
Bélesta	X	X	X	X
Brassac	X			X
Carla-Bayle	X	X	X	
Castillon-en-Couserans	X	X	X	X
Chalabre	X	X	X	X
Daumazan	X			
Fabas	X			
Foix	X	X	X	X
La Bastide-de-Sérou	X	X	X	X
Lavelanet	X	X	X	X
Le Mas-d'Azil	X	X	X	X
Léran	X	X	X	X
Les Cabannes	X	X	X	
Le Trein-d'Ustou		X		X
Massat	X	X	X	X
Mercus	X	X	X	X
Mérens	X	X	X	X
Mijanès	X	X	X	X
Montferrier	X	X	X	X
Montségur	X	X	X	X
Oust	X	X	X	X
Pamiers	X	X	X	X
Quérigut	X	X	X	X
Sainte-Croix-Volvestre	X	X	X	X
Saint-Girons	X	X	X	X
Saint-Lizier	X	X	X	X
Saint-Lizier-d'Ustou	X			X
Saint-Michel			X	
Saint-Pierre-de-Rivière	X	X	X	X
Seix	X	X	X	X
Sentein	X	X	X	X
Tarascon	X	X	X	X
Varilhes	X	X	X	X
Vicdessos	X	X	X	X

La randonnée est reportée
en rouge sur la carte IGN

Rivière

Village

La forêt
(en vert)

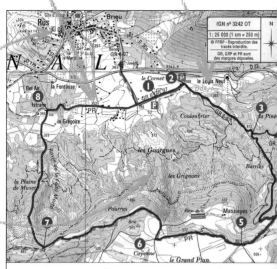

La fabrication de l'ocre

Le minerai brut d'extraction doit être lavé pour séparer l'ocre marchande des sables inertes. L'eau délaie la matière brute qui décante pendant le trajet pour ne laisser subsister que de l'ocre pur que le courant emporte dans les bassins. Après plusieurs jours de repos dans les bassins, l'eau de surface ne contient plus d'ocre. La couche d'ocre déposée au fond peut atteindre 70 à 80 cm d'épaisseur. Encore à l'état pâteux, la surface de l'ocre est griffée à l'aide d'un carrelet. Elle est ensuite découpée à la bêche et entassée en murs réguliers où les briquettes d'ocre achèvent de sécher. Le matériau part ensuite pour l'usine où s'achèvera son cycle de préparation : broyage, blutage et cuisson.

Colorado provençal. *Photo D. G.*

52

Pour en savoir plus

Nom et Numéro de la randonnée

Pour se rendre sur place

3 h ← Temps de marche à pied
9 Km ← Longueur

Classement de la randonnée :

Très facile — Moyen
Facile — Difficile

572m
345m — Point le plus haut / Point le plus bas

Parking

Balisage des sentiers (voir page 13)

Attention

Prévoir des jumelles

Prévoir une lampe de poche

Emporter de l'eau

Sites et curiosités à ne pas manquer en chemin

Autres découvertes à faire dans la région

Le Sentier des Ocres

Fiche pratique 17

Cet itinéraire présente le double avantage d'une découverte à la fois panoramique et intime des ocres.

3 h / 9 Km — 572m / 345m

Situation : Rustrel sur la D 22 à 13 km au Nord-Est d'Apt

 Parking communal de Rustrel

Balisage
❶ à ❸ blanc-rouge
❸ à ❶ jaune

 Difficulté particulière
■ passages raides dans la descente sur Istrane

Ne pas oublier

À voir

 En chemin
■ Gisements de sables ocreux
■ Chapelle Notre-Dame-des-Anges

 Dans la région
■ Roussillon : sentier des aiguilles et usine Mathieu, consacrés à l'exploitation de l'ocre.

❶ Du parking, emprunter la route vers l'Est.

❷ Dans le prochain virage à gauche, prendre à droite l'ancien chemin de Rustrel à Viens qui descend vers la Doa. Franchir le torrent. Passer à côté d'un cabanon en ruine. Un peu plus haut, le chemin surplombe un cirque de sables ocreux.

❸ Laisser le GR° 6 à gauche. Plus haut le chemin surplombe le ravin de Barries et le moulin du même nom. En haut du vallon de Barries, prendre à gauche une route.

❹ Au carrefour suivant, tourner à droite.

❺ Après une petite ferme entourée de cèdres et de cyprès, prendre à droite le chemin qui parcourt le rebord du plateau.

❻ Après une courte descente, prendre à droite. Suivre le haut du ravin des Gourgues. Ne pas prendre le prochain sentier sur la gauche. A la bifurcation suivante, prendre à gauche le sentier à peu près horizontal qui s'oriente vers l'Ouest. Un peu plus loin, longer une très longue bande de terre cultivée. Se diriger vers la colline de la Croix de Cristol.

❼ Au pied de celle-ci prendre à droite le sentier qui descend vers Istrane. Il s'agit de l'ancien chemin de Caseneuve à Rustrel. Une éclaircie ouvre des points de vue sur les pentes ravinées de Couvirac, sur la chapelle de Notre-Dame-des-Anges et sur Saint-Saturnin-lès-Apt. Au fur et à mesure de la descente, la végétation change de physionomie pour laisser place à des espèces qui affectionnent les terrains sableux. Franchir la Doa et remonter la route jusqu'à Istrane.

❽ Au croisement prendre à droite l'ancien chemin de la poste. Passer à proximité d'une ancienne usine de conditionnement de l'ocre, puis à côté de Bouvène. Avant de regagner le point de départ on peut remarquer le site des Cheminées de Fées (colonnes de sables ocreux protégées par des blocs de grès).

53

Description précise de la randonnée

Des astuces pour une bonne rando

■ Prenez un petit sac pour y mettre la gourde d'eau, le pique-nique et quelques aliments énergétiques pour le goûter.

Le temps peut changer très vite lors d'une courte randonnée. Un coupe-vent léger ou un vêtement chaud et imperméable sont conseillés suivant les régions.

En été, pensez aux lunettes de soleil, à la crème solaire et au chapeau.

■ La chaussure est l'outil premier du randonneur. Elle doit tenir la cheville. Choisissez-la légère pour les petites randonnées. Si la rando est plus longue, prévoyez de bonnes chaussettes.

■ Mettre dans votre sac à dos l'un de ces nouveaux petits guides sur la nature qui animera la randonnée. Ils sont légers et peu coûteux. Pour reconnaître facilement les orchidées sauvages et les différentes fougères. Cela évite de marcher n'importe où et d'écraser des espèces rares ou protégées.

■ Pour garder les souvenirs de la randonnée, des fleurs et des papillons, rien de tel qu'un appareil photo.

■ Les barrières et les clôtures servent à protéger les troupeaux ou les cultures. Une barrière ouverte sera refermée.

■ Les chiens sont tenus en laisse. Ils sont interdits dans les parcs nationaux et certaines zones protégées.

SUIVEZ LE BALISAGE POUR RESTER SUR LE BON CHEMIN.

LE BALISAGE DES SENTIERS

	PR®	GR®	GRP®
Bonne direction			
Tourner à gauche			
Tourner à droite			
Mauvaise direction			

© Fédération Française de la Randonnée Pédestre - Reproduction interdite

Vous pourrez rencontrer d'autres couleurs de balisage sur le terrain. Elles sont indiquées dans la fiche pratique de chaque circuit.

PR LA MONTAGNE 24

La randonnée :
une passion **Fédé**ration

Des sorties-randos accompagnées, pour tous les niveaux, sur une journée ou un week-end : plus de 2500 associations sont ouvertes à tous, dans toute la France.

Un grand mouvement pour promouvoir et entretenir les 180 000 km de sentiers balisés. Vous pouvez vous aussi vous impliquer dans votre département.

FFRandonnée
www.ffrandonnee.fr

Des stages de formations d'animateurs de randonnées, de responsables d'association ou encore de baliseurs, organisés toute l'année.

Une garantie de sécurité pour randonner bien assuré, en toute sérénité, individuellement ou en groupe, grâce à la licence ou à la RandoCarte.

Pour connaître l'adresse du Comité de votre département, pour tout savoir sur l'actualité de la randonnée et découvrir la collection des topo-guides :

www.ffrandonnee.fr

Centre d'Information de la FFRandonnée
14, rue Riquet 75019 Paris - Tél : 01 44 89 93 93
Ouvert du lundi au samedi de 10h à 18h.

Où s'adresser ?

■ Comité régional du Tourisme

Le comité régional du Tourisme publie des brochures d'informations touristiques (gratuites) sur chaque région administrative.
• Comité régional du Tourisme Midi-Pyrénées, 54, boulevard de l'Embouchure, BP 2166, 31022 Toulouse Cedex 2, tél. 05 61 13 55 55, e-mail : information@crtmp.com, site Internet : www.tourisme-midi-pyrenees.com

■ Comité départemental du Tourisme

Le comité départemental du Tourisme publie des brochures d'informations touristiques (gratuites) sur les activités, les séjours et l'hébergement dans le département.
• Comité départemental du Tourisme de l'Ariège, 31 bis, avenue du Général-de-Gaulle, BP 143, 09004 Foix Cedex,
tél. 05 61 02 30 70, e-mail : tourisme.ariege.pyrenees@wanadoo.fr,
sites Internet : www.randonnees-ariege.com et www.ariegepyrenees.com

■ Offices de tourisme et Syndicats d'initiative

Offices de tourisme
• Ax-les-Thermes (pays des vallées d'Ax) : 05 61 64 60 60 • Camon : 05 61 68 88 26
• Carla-Bayle : 05 61 68 53 53 ; mairie : 05 61 68 51 32 • Castillon (pays du Castillonnais) : 05 61 96 72 64 • Foix : 05 61 65 12 12 • Haut-Couserans (Seix, Ustou, Aulus-les-Bains) : 05 61 96 00 01 • La Bastide-de-Sérou (Séronais) : 05 61 64 53 53 • Lavelanet : 05 61 01 22 20
• Le Mas-d'Azil (pays Arize-Lèze) : 05 61 69 99 90 • Le Pla (Donezan) : 04 68 20 41 37
• Léran : 05 61 01 34 93 (de juin à novembre) • Lézat-sur-Lèze : 05 61 69 25 02 ; mairie : 05 61 69 10 05 • Massat : 05 61 96 92 76 • Mazères (basse vallée de l'Hers) : 05 61 69 31 02
• Mirepoix : 05 61 68 83 76 • Montferrier (pays d'Olme et cathare) : 05 61 01 14 14
• Montségur : 05 61 03 03 03 • Pamiers (basse vallée de l'Ariège) : 05 61 67 52 52 • Saint-Girons (Couserans) : 05 61 96 26 60 • Saint-Lizier : 05 61 96 77 77 • Sainte-Croix-Volvestre : 05 61 66 27 98 • Saverdun : 05 61 60 09 10 • Sentein (vallée du Biros) : 05 61 66 93 65 • Tarascon-sur-Ariège : 05 61 05 94 94 • Varilhes : 05 61 60 55 54 • Vicdessos (vallée d'Auzat) : 05 61 64 87 53
Syndicats d'initiative
• Bélesta : 05 61 01 64 80 (de juin à septembre) ; mairie : 05 61 01 60 02 • Le Fossat : 05 61 68 50 12.

■ La Fédération Française de la Randonnée Pédestre

• Centre d'information
Pour tout renseignement sur la randonnée pédestre en France et sur les activités de la Fédération : FFRandonnée, 14, rue Riquet, 75019 Paris, tél. 01 44 89 93 93, fax. 01 40 35 85 67, e-mail : info@ffrandonnee.fr, internet : www.ffrandonnee.fr
• Comité régional de la Randonnée pédestre (CORAMIP)
CORAMIP, Maison des sports, rue Buissonnière, BP 701, 31683 Labege Cedex, tél. 05 62 24 18 77, fax. 05 62 24 18 79.
• Comité départemental de la Randonnée pédestre
Le Comité contrôle la qualité des itinéraires de ce topo-guide. N'hésitez pas à lui faire part de vos remarques ou suggestions.
Comité départemental de la Randonnée pédestre de l'Ariège, 26, faubourg de Planissolles, 09000 Foix, tél. 05 34 09 02 09, site Internet : http ://perso.wanadoo.fr/cdrp.09 • e.mail : cdrp.09@wanadoo.fr

■ Divers

• Association départementale pyrénéenne des Accompagnateurs en montagne de l'Ariège : Résidence des 4 Vallées, 09800 Castillon, tél. 06 87 84 07 99 • **Association des Gîtes de France Ariège :** 31 bis av. du Général-de-Gaulle, 09004 Foix, tél. 05 61 02 30 89 • **Clévacances Ariège Pyrénées :** 31 bis av. du Général-de-Gaulle, 09004 Foix, tél. 05 61 02 30 88 • **Conseil général de l'Ariège, chargé de mission « randonnée » :** Hôtel du département, 09000 Foix, tél. 05 61 02 09 09 • **Secours en montagne, peloton de gendarmerie de secours en montagne :** tél. 05 61 64 22 58 • **Ariège Pyrénées Tourisme Loisirs Accueil (centrale de réservation pour l'hébergement et les activités) :** 31 bis, av. du Général-de-Gaulle, BP 143, 09004 Foix Cedex, tél. 05 61 02 30 80

NOS MONTAGNES VOUS INVITENT À SUIVRE LEURS SENTIERS

GUIDE RANDONNÉES

Au cœur des Pyrénées, l'Ariège a la chance de posséder un environnement riche et préservé.
Son relief doux ou escarpé se prête merveilleusement à la pratique de toutes les randonnées.

5000 KM DE SENTIERS

Le Conseil Général de l'Ariège mène depuis plusieurs années une politique de valorisation de la randonnée, support de développement touristique fort pour l'économie de nos territoires. Près de 5000 km de sentiers sont aménagés et entretenus grâce à l'appui des partenaires de terrain qui œuvrent à cet entretien au sein des structures intercommunales par le biais de leurs équipes sentiers.

Les bénévoles des associations de la FFRP autour du Comité Départemental Ariégeois de la Randonnée Pédestre participent, quant à eux, à l'animation de ce réseau d'itinéraires.

UN GUIDE ET UN SITE INTERNET SUR LA RANDONNÉE

La promotion de l'Ariège en tant que destination de randonnée est assurée par le Comité Départemental du Tourisme qui édite chaque année un guide randonnée et qui a créé il y a maintenant 3 ans un site Internet spécifique à la randonnée (**http://www.randonnees-ariege.com**). Partenaires dans l'accueil et l'information, les Offices de Tourisme forment un relais de terrain incontournable.

Chemin de vies, d'histoires et de rencontres, ces 40 itinéraires qui composent l'Ariège à Pied sont autant de témoignages de la richesse de notre Ariège à découvrir pas à pas.

Bienvenue et bonne rando dans les Pyrénées avec un grand A !

Augustin Bonrepaux
Président du Conseil Général

LES PYRÉNÉES AVEC UN GRAND A

Bernard Piquemal
Président du Comité
Départemental du Tourisme

Comité Départemental du Tourisme Ariège-Pyrénées
31 bis, avenue du Général-de-Gaulle - BP 143 - 09004 FOIX Cedex - France
Tél. 05 61 02 30 70 - Fax 05 61 65 17 34
www.ariegepyrenees.com

Découvrir l'Ariège

Vue sur la cité de Saint-Lizier et le massif du Valier. *Photo A.B.*

Un pays de montagnes

L'Ariège se caractérise du Nord au Sud par quatre grandes zones de relief.
Au Nord du département, la fertile plaine alluviale est encadrée de coteaux à la douce ondulation.

Puis, culminant aux alentours de 600 mètres et traversés par de multiples rivières (Volp, Arize, Lèze, Ariège, Douctouyre et Touyre), les chaînons calcaires du Plantaurel – les Prépyrénées – s'étirent d'Est en Ouest et offrent un marchepied naturel vers la haute montagne.

Celle-ci s'impose tout d'abord par les massifs cristallins nord-pyrénéens du Saint-Barthélemy, d'Arget-Arize et des Trois-Seigneurs, dont les pics, extraordinaires belvédères, oscillent entre 1 700 et 2 300 mètres d'altitude. Signalons également les remarquables affleurements calcaires hauts de plus de 400 mètres (parois des Quiés) entre Ax-les-Thermes et Tarascon-sur-Ariège.

Plus au Sud, vers la frontière espagnole, se dresse la haute chaîne pyrénéenne, dite « zone axiale ». Les cimes ariégeoises s'élèvent parfois ici à plus de 3 000 mètres d'altitude, les seigneurs des lieux étant le Montcalm et la pique d'Estats, respectivement à 3 077 et 3 143 mètres.

Cascade d'Ars. *Photo A.B.*

La haute montagne abrite quelques villages installés sur les arpents de terre plate en fond de vallée ou accrochés aux *soulanes* (les versants ensoleillés) jusqu'à plus de 1 200 mètres d'altitude. Au-dessus s'étend le secteur bocager des granges foraines (granges étables), puis celui de la forêt. Au-delà encore, les glaciers – qui ont laissé en héritage de nombreux lacs – ont profondément modelé les hautes vallées, où défilent au gré des saisons bergers et troupeaux, puis neiges et vents…

Côté climat, l'Ariège bénéficie d'une double influence, laquelle crée une vraie ligne de partage à l'échelle du département : à l'Ouest, les paysages verdoyants du Couserans et du Volvestre témoignent d'une influence océanique dominante, alors qu'à l'Est la végétation et le climat, sous influence méditerranéenne, sont plus secs.

Une faune préservée

Si le cheval de Mérens ou de Castillon, la brebis tarasconnaise et la vache gasconne font aujourd'hui la richesse de l'élevage ariégeois, les paysages variés et préservés du département constituent quant à eux autant de « paradis » pour la faune sauvage. Celle-ci comprend certaines espèces endémiques comme le desman (une taupe aquatique) et l'euprocte (un batracien).

Les forêts des chaînons du Plantaurel et de l'Arize accueillent les cerfs et les chevreuils mais également les renards, les blaireaux, les belettes et les sangliers. Ces derniers croisent rarement le chemin des randonneurs, mais il est toutefois fréquent de trouver leurs traces sur les terrains meubles. Dans les zones de coteaux et de plaines, la buse règne en maîtresse absolue dans les airs : à la recherche de campagnols, elle veille souvent sur les arbres morts…

En haute montagne, là où la pente se fait plus raide, on peut apercevoir la course gracieuse de l'isard (chamois pyrénéen). Il côtoie dans certaines prairies d'altitude la marmotte, réintroduite il y a une cinquantaine d'années, le lagopède ou le coq de bruyère. Plus haut, les aigles royaux, as de la voltige, occupent le ciel ; plusieurs couples vivent sur le département. Le vautour fauve établit, lui, ses quartiers d'été à

Cheval de Mérens. *Photo P. C.*

la frontière franco-espagnole. Le plus grand et le plus prestigieux des rapaces reste cependant le gypaète barbu. Rien ne laisse penser que ce colosse de 3 mètres d'envergure a un régime d'ascète : il se nourrit essentiellement des os laissés par les autres charognards !

Des arbres à histoires

Les forêts et les arbres portent en eux la mémoire de notre passé : il en est de même en Ariège.

Ainsi, la couverture forestière du piémont et de la plaine se compose essentiellement d'arbres autrefois « utiles » au monde rural, tels que les chênes, les châtaigniers et les arbres fruitiers. Dans les hautes vallées, l'étrange aspect des frênes bordant les prés n'échappera pas au randonneur : ces arbres servant de complément de fourrage, des décennies d'élagage les ont réduits à l'état de moignons. Les grands sapins de Bélesta et de Sainte-Croix-Volvestre firent les beaux jours de la marine à voile, et le hêtre, vénérable maître des forêts de montagne, celui des charbonniers ! Enfin, l'exode rural a entraîné la reconquête anarchique des bois sur les territoires autrefois dévolus aux troupeaux ; les noisetiers et les bouleaux y ont la part belle.

Dans les prés ou les zones humides, dans la rocaille ou les forêts, les fleurs illuminent le printemps de l'Ariège. Les secteurs calcaires du piémont sont propices aux orchidées sauvages ; plus en altitude, genêts et rhododendrons colorent de jaune et de rose les pans des montagnes. L'équilibre préservé entre forêts et zones pastorales permet aux gentianes (jaunes, printanières ou de Koch), aux saxifrages et à d'autres fleurs plus rares et plus isolées, comme le lis des Pyrénées, le lis martagon et l'edelweiss, de s'épanouir pleinement.

Champ de jonquilles. *Photo A.B.*
Orchis. *Photo G.S.*

Une terre de refuge

Bien au-delà des rivages de la mémoire humaine, l'Ariège était déjà une terre de refuge, comme en témoignent les grottes ornées (paléolithique supérieur) de la Vache, de Niaux, de Bédeilhac ou du Mas-d'Azil, ou la cité gallo-romaine de Saint-Lizier.

Aux alentours de l'an mil, les bâtiments furent assez solides et nombreux pour résister aux ravages du temps et perdurer jusqu'à nos jours. C'est ainsi que

Bouquetin de la grotte de Niaux – Peinture rupestre.
Photo Clottes/Niaux/SESTA

Chapelle d'Axiat. *Crédit D.V./CDT09*

l'on trouve çà et là de petites chapelles romanes, parfois uniquement accessibles à pied, racontant la foi intense des montagnards de cette période. Les influences catalanes, toulousaines et locales s'y mêlent souvent avec beaucoup de bonheur. Juchés sur des escarpements rocheux, les châteaux féodaux parlent, eux, du terrible destin des cathares qui trouvèrent en Ariège une terre d'expression, le *pog* de Montségur étant leur dernier refuge.

De nombreux autres lieux sont imprégnés d'histoire : Foix et ses prestigieux comtes (Raymond Roger, Gaston Phébus ou Henri de Navarre), Carla-Bayle, village du philosophe Pierre Bayle…

Les chemins de randonnée sont ici ceux de l'histoire en marche…

Pastoralisme et gastronomie

Terrasses agricoles, murettes, chemins empierrés, rigoles d'irrigation, granges foraines et cabanes de pierre sèche… Plus encore que les vagues de l'histoire, l'agriculture et le pastoralisme ont modelé les terres ariégeoises.

En haute montagne, les granges dites « foraines » sont adaptées aux rudes pentes et aux besoins de l'élevage : au rez-de-chaussée, un espace pour les bêtes, et à l'étage, le foin pour l'hiver. Dispersées dans les parcelles de prairie ou réunies en hameaux, elles sont généralement bâties sur la soulane. Dans le Couserans, on peut encore voir des granges à « pas d'oiseaux », survivance des anciennes couvertures de chaume.

Les plus hautes vallées abritent d'étranges cabanes de pierres sèches : les *orris*. Les bergers s'y reposaient l'été quand ils menaient leurs bêtes sur les pâturages d'estive. C'est aussi là qu'ils fabriquaient le beurre et les fromages de brebis ou de vache (dont le célèbre bethmale).

La gastronomie constitue d'ailleurs un pan important du patrimoine, comme en témoignent les mille et une façons d'agrémenter le coco de Pamiers, la charcuterie de montagne ou les pommes de Mirepoix !

Des ressources multiples

Bien que de tradition agricole, l'Ariège n'a pas échappé à l'âge d'or de la révolution industrielle : on disait de ce département qu'il produisait « des hommes et du fer ». Connu dès l'Antiquité pour la présence dans son sol de certains

Orry de la vallée de Soulcem. *Photo D.V./CDT09*

Château de Roquefixade. *Photo G.S.*

minerais, il a su au 19e siècle tirer profit de ses ressources, et a compté parmi les départements les plus industrialisés de France grâce à l'exploitation du fer, du plomb, du manganèse ou du talc.

À la même période, d'autres activités ont connu un rapide essor : le textile dans le pays d'Olmes, les forges en haute Ariège, la papeterie dans le Couserans, l'aluminium dans le Vicdessos, les mines et l'hydroélectricité sur l'ensemble de la montagne.

Logements et cités ouvrières ont essaimé en périphérie des bourgs et de certains villages apportant modernisme et confort. Mais, rapidement, la concurrence des grands bassins industriels aura raison des petites structures, et l'Ariège connaîtra un exode rural sans précédent. Aujourd'hui, le département a trouvé un second souffle avec l'implantation de nouvelles industries et l'essor du tourisme vert qui s'est développé autour d'activités comme la randonnée, l'escalade, la pêche et les sports d'eau vive. L'Ariège compte également plusieurs stations thermales et de ski.

Les musées et écomusées, notamment le musée des Métiers d'autrefois, à Montgaillard, exposent la diversité et l'ingéniosité des savoir-faire de jadis.

Certaines pratiques artisanales, comme la fabrication de sabots dans la vallée de Bethmale, celle de la pierre à faux de Saurat et celle des peignes en corne dans le Pays d'Olmes, ont su traverser le temps.

Cette terre de métissage, aux influences multiples et à l'histoire tumultueuse, est ouverte aux amoureux de la découverte et de la randonnée.

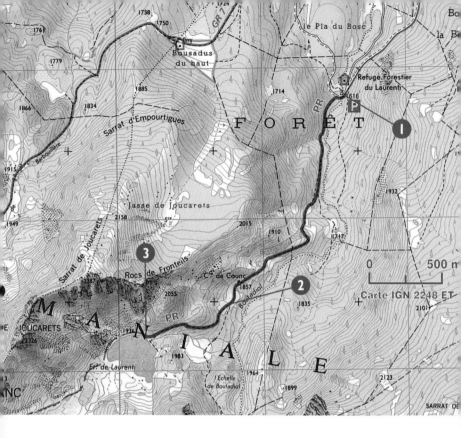

La faune sauvage du Laurenti

Marmotte. *Photo P.C.*

Entre montagne et forêt, le Laurenti est un site exceptionnellement favorable à l'implantation et au développement d'une faune sauvage de montagne. Le randonneur matinal y observera facilement l'isard, cousin du chamois alpin. Aux heures les plus chaudes de la journée, la marmotte sort de son terrier et profite du soleil dans les éboulis. Ce rongeur est constamment en alerte car il se sait menacé par l'aigle royal, que l'on voit souvent tourner autour du Roc Blanc. Enfin, reste le plus discret et le plus célèbre des hôtes du Laurenti : l'ours, dont on devine parfois les indices du passage mais que l'on ne voit presque jamais…

L'étang du Laurenti

2 h 30
5 Km

1936m
1616m

Balade jusqu'au plus bel étang du «Québec Ariégeois» qui conduit en même temps au pied du «seigneur» du Donezan : le Roc Blanc. La réserve du Laurenti est classée réserve biologique : les marmottes et les isards y sont nombreux.

Pin à crochet. *Dessin M.G.*

❶ S'engager sur le sentier qui part à droite du torrent entre sapins et hêtres (*ancienne «tire à bois»*). La pente se redresse. Aller jusqu'à une petite clairière, franchir un petit ruisseau, descendre légèrement, puis grimper à nouveau entre les rochers. Parvenir à un replat (le pin à crochet devient abondant tout au long du chemin), près de la cabane du Counc, qui se trouve à droite au bord d'une pelouse.

❷ Poursuivre dans la même direction et continuer à monter (*vue sur le roc Blanc*). Traverser une zone de pins, puis un petit éboulis. Une courte descente amène au lac du Laurenti.

❸ Revenir par le même itinéraire.

L'étang du Laurenti.
Photo A.B.

Situation Artigues, à 33 km à l'Est d'Ax-les-Thermes par les D 613, D 25 et D 16 (*le col de Pilhères est fermé de novembre à avril, pour accéder à Artigues emprunter la D 118 et la D 16*)

P **Parking** cabane forestière, au Sud du village par la D 16 et la route forestière du Laurenti (borne blanche et verte) sur 6 km

 Balisage jaune

 Difficulté particulière

■ passages en surplomb entre ❶ et ❷

Ne pas oublier

 À voir

 En chemin

■ forêt domaniale ■ faune et flore ■ étang du Laurenti

 Dans la région

■ château et maison du patrimoine d'Usson
■ château de Quérigut

23

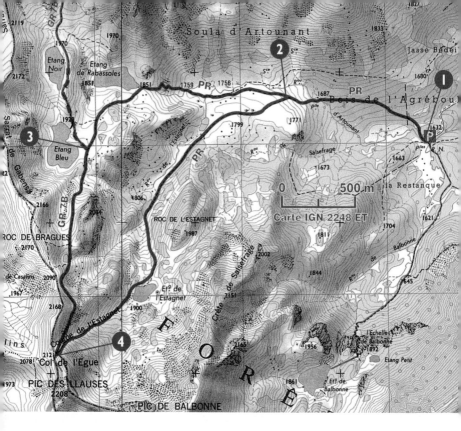

Le Québec ariégeois

Les anciens glaciers ont profondément marqué le paysage montagnard, notamment dans le Donezan où ils ont laissé de nombreux lacs. L'étang Bleu, l'étang Noir, mais également les étangs de Rabassoles, du Laurenti, de l'Estagnet et de Balbonne sont autant de « fils » de ces glaciers disparus. L'altitude élevée, le climat sévère en hiver et la nature du terrain de la région ont par ailleurs contribué au développement de forêts essentiellement composées de résineux (pins à crochets, sapins, épicéas…). Entre lacs et forêts, le Donezan offre ainsi un paysage très spécifique par rapport au reste du département, et rappelle parfois le Nord de l'Amérique, le gigantisme en moins, ce qui lui vaut aujourd'hui le surnom touristique de « Québec ariégeois ».

L'étang Bleu. *Photo A.B.*

Les étangs de Rabassoles

Au cœur du « Québec ariégeois », dans un site superbe et peu fréquenté, cette randonnée traverse la belle forêt du Quérigut et permet de découvrir cinq lacs de montagne.

4 h
9 Km
2121m / 1632m

Situation Mijanès, à 25 km à l'Est d'Ax-les-Thermes par les D 613, D 22 et D 25

 Parking La Restanque (grand plat servant au stockage du bois), à 4 km au Sud-Ouest du village par la D 25 et la route forestière de la Bruyante (première épingle après Mijanès) jusqu'au troisième embranchement à droite

 Balisage

❶ à ❸	jaune	
❸ à ❹	blanc-rouge	
❹ à ❶	jaune	

Marmotte. *Dessin M.G.*

❶ Au fond du parking à droite, prendre la piste forestière qui monte rudement. Peu à peu, la pente s'adoucit. Poursuivre par le beau chemin empierré et plat. Emprunter la passerelle franchissant le torrent et continuer tout droit jusqu'à une bifurcation, peu avant le plateau d'Artounant.

❷ Aller à droite. Au fond du plateau, traverser à nouveau le torrent près de l'ancienne exploitation de talc (*la pierre de talc était autrefois exploitée sur ce site, tout comme sur d'autres poches géologiques un peu plus à l'Ouest, près de Montferrier ou de Luzenac ; aujourd'hui, seule la carrière de Trimouns à Luzenac, la plus vaste d'Europe, est encore en activité*). Le chemin grimpe ensuite en lacets jusqu'à l'étang des Rabassoles, franchit le déversoir et continue à s'élever en pente douce jusqu'à l'étang Bleu.

▶ Possibilité de gagner l'étang Noir par le sentier à droite (*30 mn aller-retour ; balisage blanc-rouge*).

❸ Longer l'étang Bleu par la gauche, puis emprunter le chemin qui monte dans le vallon. Il atteint un petit col, puis descend à l'étang Wareck. Continuer plein Sud jusqu'au col de l'Egue (2 121 m).

❹ Ne pas franchir le col, mais descendre à gauche jusqu'à l'étang de l'Estagnet. Longer le lac et continuer la descente. Suivre le ruisseau dans le vallon. Au bout, après un vaste plat, se diriger vers l'Ouest sur 800 m, puis aller à gauche et traverser le plateau d'Artounant. Retrouver la bifurcation.

❷ Descendre par l'itinéraire de montée.

 Difficulté particulière

■ neige possible en début de saison sur des pentes raides parcourues en traversée entre ❸ et ❹

Ne pas oublier

 À voir

 **En chemin**

■ ancien gisement de talc ■ étangs ■ faune de montagne

Dans la région

■ étang du Laurenti et Roc Blanc ■ Usson : château et maison du Patrimoine ■ château de Quérigut

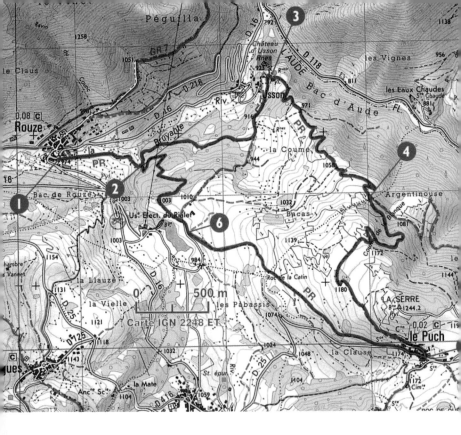

Le château d'Usson

Saviez-vous que le grand squelette de pierre qu'est aujourd'hui le château d'Usson a longtemps eu un rôle stratégique ? La famille d'Usson et son domaine furent en effet, du 11e au 14e siècle, au centre des conflits d'intérêt entre la couronne d'Aragon et le comté de Foix. Si le château fut rendu moins important par le traité des Pyrénées (7 novembre 1659), il n'en garda pas moins un logis seigneurial et une chapelle richement meublée jusqu'au 18e siècle. À la Révolution, il fut vendu comme bien national et promptement démonté par les villageois, qui en récupérèrent les matériaux ! Des fouilles archéologiques et une maison du Patrimoine mettent intelligemment en valeur les restes de ce château, qui accueillit le trésor des cathares en 1244.

Le château d'Usson. *Photo A.B.*

Autour du château d'Usson

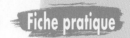

Imprégnez-vous de l'histoire du Donezan avec cette promenade autour du château d'Usson qui vous entraîne de village en village.

▶ Il est possible de commencer le circuit au Puch (8 km).

1 Rejoindre les gîtes, au bas du village, puis s'engager sur le chemin qui démarre sur la rive droite de la rivière. Franchir le pont qui enjambe la rivière de Quérigut.

2 Emprunter le chemin à gauche. Après le bois, se diriger à gauche et gagner le château d'Usson.

3 Repartir au Sud-Est par le chemin qui passe au-dessus du relais de télévision et s'élève en lacets sur la crête.

4 Prendre la piste carrossable, monter à droite dans le bois, puis continuer par le chemin devenu pratiquement horizontal jusqu'au Puch.

5 Prendre la D 25 à droite sur 300 m, puis obliquer à droite sur le chemin qui mène au barrage de Rouze.

6 Longer le lac sur sa rive droite, puis s'en écarter pour repasser sur le flanc Nord de la colline, et descendre dans la forêt jusqu'au pont sur la rivière de Quérigut.

7 Franchir le pont et rejoindre Rouze.

Chouette hulotte.
Dessin M.G.

3 h
9 Km
1180m
910m

Situation Rouze, à 27 km à l'Est d'Ax-les-Thermes par les D 613, D 22, D 25 et D 116

 Parking
mairie

Balisage
jaune

Difficulté particulière
■ montée raide après le château d'Usson **3**

Ne pas oublier

 À voir

 En chemin
■ château d'Usson et maison du Patrimoine

Dans la région
■ étang du Laurenti et Roc Blanc ■ château de Quérigut

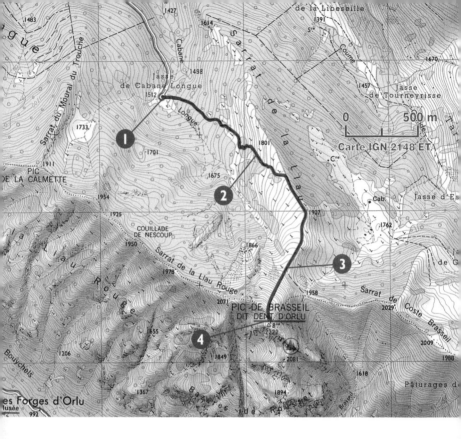

Le gypaète barbu

La réserve nationale d'Orlu est un fabuleux réservoir animalier : on y dénombre plus de 1 500 isards (chamois pyrénéens), une multitude de marmottes et des aigles royaux. Le maître des airs est le gypaète barbu, un vautour de presque 3 mètres d'envergure. S'il impressionne par sa taille, par la couleur orangée de son poitrail et par sa barbiche noire, cet oiseau est tout à fait pacifique puisqu'il ne mange que les restes ultimes des festins des charognards : les os ! Si ceux-ci s'avèrent trop gros, il n'hésite pas à les emporter avec lui pour les laisser tomber sur un roc et les briser... D'ailleurs, l'illustre poète grec Eschyle perdit la vie en recevant sur le crâne une tortue lâchée par un de ces paquebots des airs ! Alors, prudence...

Gypaète barbu.
Dessin M.G.

La Dent d'Orlu

Cette canine de gneiss (2 222 m) au sommet bien reconnaissable est un symbole de la haute Ariège. Son ascension est éprouvante (pente raide), mais quelle récompense au sommet !

❶ Du panneau « Pyrénées propres », se diriger vers les ruisseaux et les franchir, puis monter vers l'Est dans la hêtraie. La montée, parfois rude, débouche sur une clairière. La traverser en diagonale, puis grimper à nouveau dans les bois. Arriver sur la crête.

❷ Monter à droite le long de la crête du Sarrat de la Llau, jusqu'au col de Brasseil (*la dent d'Orlu*).

❸ Gravir alors franchement la pente en direction du sommet (*ascension de 40 mn*), soit par le chemin de droite, soit par celui de gauche.

❹ Redescendre par le même itinéraire.

---

3 h 30
5 Km
2222m
1515m

Situation bois de la Bassugue (commune d'Ascou), à 13 km à l'Est d'Ax-les-Thermes par les D 613 et D 22, la route du barrage après Goulours jusqu'au premier carrefour et la piste carrossable à gauche

 Parking lieu-dit La Poêle-à-Frire (terminus de la piste)

 Balisage
❶ à ❸ rectangle rouge
❸ à ❹ non balisé

 Difficulté particulière

■ prudence entre le col et le pic de Brasseil (falaises côté Sud)

Ne pas oublier

La dent d'Orlu (face Sud-Est). *Photo A.K.*

À voir

 En chemin

■ pentes de rhododendrons (fleuris en juin et en juillet)
■ panorama du sommet

 **Dans la région**

■ Orlu : maison des Loups, Observatoire de la montagne, parcours Accrobranche, réserve nationale de faune
■ Ax-les-Thermes : bassin des Ladres, sources chaudes
■ château de Lordat (volerie d'aigles)

Le thermalisme en vallée d'Ax

Qu'il vienne du latin *aquae* devenu *acqs* puis *ax*, signifiant « eau », ou du basque *ats* signifiant « puanteur », le nom de cette belle cité doit assurément son origine à ses eaux thermales.

Le bassin des Ladres à Ax-les-Thermes. *Photo A.B.*

Le comte de Foix Roger IV y fait construire en 1260 une léproserie et le bassin des Ladres. Certains, cependant, font remonter la vocation thérapeutique d'Ax à des temps plus anciens : un captage sur pilotis daterait de l'époque préromaine.

Le Couloubret, l'un des établissements d'Ax, tient son nom de la couleuvre, qui hantait jadis les sources chaudes de la région. Ce frileux reptile se glissait par les tuyauteries jusque dans les cabines des curistes ! Aujourd'hui, la station thermale permet au plus grand nombre de profiter des bienfaits des eaux les plus chaudes des Pyrénées (78 °C).

La Porteille-d'Orgeix

Au départ d'Ax-les-Thermes, partez à la découverte du riche patrimoine des villages montagnards de la haute Ariège, anciens lieux d'échanges entre la vallée de l'Ariège, celle de l'Oriège et celle de la Lauze.

❶ De la place Saint-Jérôme, suivre la direction d'Ascou en longeant la rivière. Prendre l'avenue Turrel, puis la rue du Cournilh. Traverser la N 20, emprunter la rue Saint-Udaut et continuer par le chemin d'Entresserre (*ancienne voie qui reliait Ax à Ascou*) sur 2 km, avant d'atteindre un hameau de granges.

❷ Au niveau de l'abreuvoir, prendre à droite le chemin qui s'élève à travers la forêt jusqu'à la Porteille-d'Orgeix (990 m). La franchir, puis descendre le chemin en lacets jusqu'à Orgeix. Traverser le pont.

❸ Emprunter à droite la petite route qui longe la rivière jusqu'au lac de Campauleil et au château d'Orgeix. Contourner ce dernier par l'arrière. L'itinéraire s'écarte un peu de l'Oriège et rejoint la D 222 dans un virage. La descendre à droite et passer sous le pont de chemin de fer.

❹ Prendre le chemin à gauche. Traverser la N 20 (*prudence*) et suivre la petite route qui monte au pied du rocher de la Vierge.

❺ Juste avant le centre de séjour Les Tilleuls, s'engager sur le sentier qui file à gauche puis monter au rocher de la Vierge. Descendre vers le centre-ville par un chemin en zig-zags, puis vers la gare de télécabines que l'on contourne par le haut. Descendre les escaliers, franchir la passerelle pour rejoindre la place Saint-Jérôme.

Anémone pulsatille.
Dessin M.G.

---

3 h
8 Km
990m
710m

Situation Ax-les-Thermes, à 40 km au Sud de Foix par la N 20

Parking place Saint-Jérôme

Balisage

❶ à ❷ rond jaune
❷ à ❸ blanc-rouge
❸ à ❶ jaune-rouge

Ne pas oublier

À voir

En chemin

■ chapelle Saint-Jérôme
■ Orgeix : pont, église et château ■ lac de Campauleil
■ Ax-les-Thermes : bassin des Ladres, sources chaudes

Dans la région

■ Orlu : maison des Loups, réserve nationale d'Orlu, observatoire de la montagne ■ château de Lordat (volerie d'aigles)

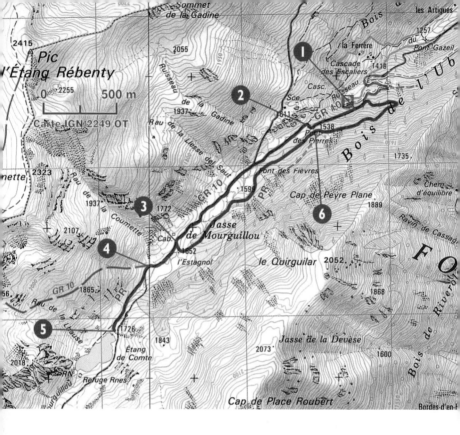

Les huttes de pierres

Au lieu-dit l'Estagnol, là où le ruisseau s'élargit au milieu d'une pelouse, se trouve une cabane pastorale moderne à côté de laquelle on distingue une petite hutte de pierre recouverte de mottes d'herbe et entourée des vestiges d'un enclos. Cette petite hutte est un *orry*. Les bergers ariégeois qui menaient leurs bêtes en altitude durant l'été s'y abritaient. L'*orry*, dont la hauteur au plafond excède rarement 1,5 mètre, était construit en voûte pour économiser le bois nécessaire à la charpente ; l'herbe du toit servait de chaume naturel. Jetez un œil à cette rustique cabane, et imaginez que le berger y dormait alors pendant quatre à cinq mois sur un lit de fougères !

Orry. *Dessin M.G.*

L'étang de Comte

2h30
6 Km

1 726m
1450m

Situation vallée du Mourgouilhou (commune de Mérens-les-Vals), à 8 km au Sud d'Ax-les-Thermes par la N 20

 Parking terminus de la piste (barrière ONF), à 5 km au Sud-Ouest du bourg par la route du camping et la piste forestière de la vallée du Mourgouilhou

 Balisage

❶ à ❹   blanc-rouge
❹ à ❺   rectangle rouge
❸ à ❶   rectangle rouge

Sous la hêtraie-sapinière ou au milieu des estives, le pont des Pierres, l'étang de Comte et la fontaine aux Fièvres vous rappelleront que l'eau a donné naissance à cette longue vallée du Mourgouilhou.

❶ Franchir la barrière ONF, suivre la piste sur 50 m, puis monter à droite par le chemin qui traverse la forêt et gagne le fond assez plat de la vallée et le remarquable pont des Pierres.

❷ Le franchir et suivre le chemin qui s'élève en rive gauche pour arriver à la jasse de Mourguillou (*à gauche d'une petite cabane récente,* orry *traditionnel*).

❸ Traverser la jasse et atteindre une première bifurcation. Monter tout droit.

❹ À la deuxième bifurcation, laisser le sentier à droite et grimper tout droit un dernier ressaut avant d'arriver sur les berges de l'étang de Comte (1 726 m).

❺ Redescendre jusqu'à l'Estagnol (première bifurcation).

❸ Le laisser à droite et franchir le passage à gué qui amène sur la rive droite du ruisseau. La remonter sur quelques dizaines de mètres pour contourner le mamelon rocheux puis descendre en sous-bois. Traverser une tourbière penchée, passer à côté de la fontaine des Fièvres puis d'une charbonnière, et arriver à proximité du pont des Pierres.

❻ Continuer à flanc de pente, puis descendre par la piste forestière qui ramène au parking.

Ne pas oublier

L'étang de Comte.
Photo A.B.

 À voir

 En chemin

■ pont des Pierres ■ jasse de Mourguillou : *orry* (cabane traditionnelle) ■ étang de Comte ■ tourbière ■ fontaine des Fièvres

 Dans la région

■ Ax-les-Thermes : bassin des Ladres, sources chaudes ■ Orlu : maison des Loups, observatoire de la montagne, réserve nationale d'Orlu ■ Mérens : sources sulfureuses

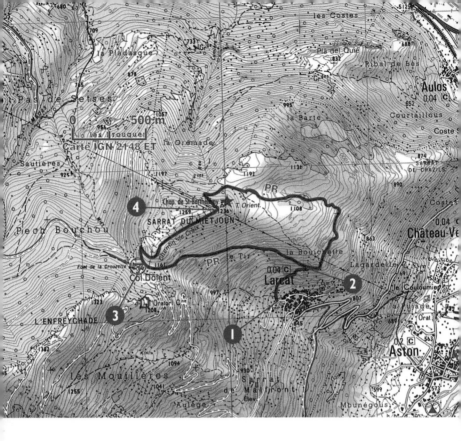

La chapelle Saint-Barthélemy

Bâtie sur un éperon rocheux qui s'avance vers la vallée de l'Ariège, dans un site unique, superbe d'isolement, la chapelle Saint-Barthélemy incite à la rêverie et à la contemplation. Pourtant, les raisons de sa présence sont douloureuses… Au 19e siècle, l'Ariège eut à faire face à de fortes épidémies de choléra, et l'une d'elles frappa durement le secteur de Larcat. Terrorisés par le risque, les villageois s'imposèrent une quarantaine rigoureuse, allant jusqu'à massacrer les malheureux habitants d'un hameau touché par la contagion ! C'est pour expier cette faute et remercier le ciel de les avoir épargnés que les Larcatois bâtirent cette chapelle si loin des hommes et si près du ciel…

La chapelle Saint-Barthélemy. *Photo A.B.*

La chapelle Saint-Barthélemy

Cette magnifique boucle panoramique porte en elle une sombre histoire. Le chemin de croix et la chapelle commémorative témoignent en effet des épidémies de choléra qui touchèrent nombre de villages au 19e siècle.

2 h 30
5 Km

1236m
850m

Situation Larcat, à 15 km au Sud de Foix par les N 20 et D 520

 Parking à gauche, en haut du village

 Balisage rond jaune

Bécasse.
Dessin M.G.

Ne pas oublier

❶ Du parking, monter à droite jusqu'à une fontaine, tourner à gauche puis prendre à droite un chemin qui se faufile entre deux murs de pierres sur 500 m. Arriver à un carrefour de chemins.

❷ Monter vers la gauche. En coupant le flanc Sud du Sarrat du Mietjoun, le chemin s'élève vers le col Dolent (1 161 m ; *chemin de croix*).

❸ Ne pas franchir le col, mais suivre à droite la piste pastorale qui se transforme en chemin. Après le lacet, partir à flanc de pente vers le Nord-Est dans la forêt et gagner la chapelle Saint-Barthélemy.

❹ Le chemin vire à gauche et dévale la pente à travers la forêt de hêtres sur le versant Nord de la colline. Après une courte descente, s'orienter à droite pour passer un bois de bouleaux avant de revenir à découvert. Le sentier se faufile au milieu des anciennes terrasses agricoles et retrouve le carrefour de chemins de l'aller.

❷ Rejoindre le village.

À voir

 En chemin

■ chemin de croix
■ chapelle Saint-Barthélemy
■ anciennes terrasses agricoles

Dans la région

■ Lordat : château (volerie d'aigles) ■ route des Corniches (D 20) ■ églises romanes ■ Ax-les-Thermes : bassin des Ladres, sources chaudes

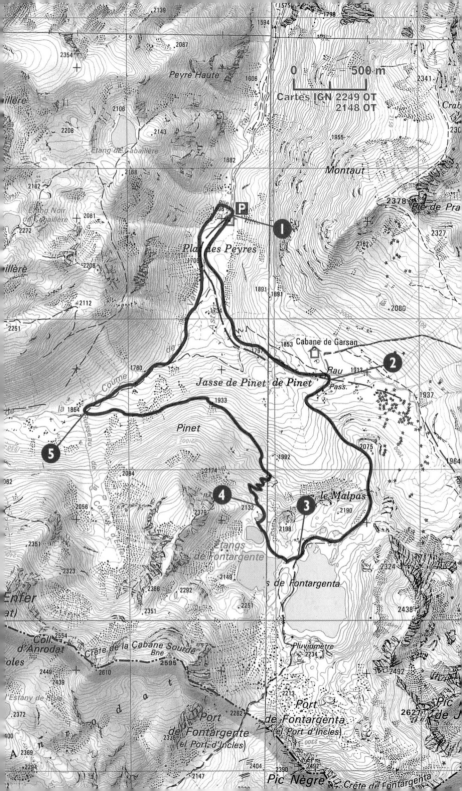

Les étangs de Fontargente **8**

À deux pas du port d'Inclès (2 262 m), passage le plus bas entre France et Andorre, les étangs de Fontargente (fontaine argentée) raviront les amoureux des beaux lacs.

Vautour fauve. *Dessin M.G.*

 3 h 30
8 Km

2150m
1700m

 Situation vallée d'Aston, à 15 km à l'Ouest d'Ax-les-Thermes par les N 20 et D 520

Parking Pla de Las Peyres (Plat des Peyres ; terminus de la piste), à 17 km au Sud d'Aston par la route du barrage de Laparan et la piste

 Balisage rectangle rouge

 Difficulté particulière

■ circuit à ne pas entreprendre par temps orageux
■ passages étroits et glissants par temps de pluie entre ❹ et ❺

Ne pas oublier

❶ Du parking, suivre le chemin en direction du refuge du Rulhe. Monter sur la gauche en longeant le ruisseau de l'Estagnol. Laisser la cabane de Garsan sur la gauche pour rejoindre une passerelle métallique.

❷ Franchir la passerelle qui enjambe le ruisseau de l'Estagnol, puis monter vers la droite sur une crête arrondie et gagner un petit col. Le sentier monte en lacets pour contourner les barres rocheuses et arriver sur un vaste replat où se trouve le premier et le plus grand des étangs de Fontargente. Le contourner par la droite sur 200 m.

❸ Monter à droite vers le collet et découvrir le deuxième étang. Le longer par la droite et descendre au troisième étang. Passer un dernier petit étang envasé et gagner le déversoir.

❹ Prendre à gauche le chemin qui traverse un éboulis en lacets et descend sur un replat humide. Partir alors à gauche et à flanc de pente pour atteindre le fond de la vallée de la Coume de Varilhes. Franchir le ruisseau.

❺ Tourner à droite et longer le ruisseau jusqu'au niveau du Pla de Las Peyres (Plat des Peyres). Franchir la passerelle pour retrouver le parking.

 À voir

 En chemin

■ troupeaux de vaches gasconnes et chevaux de Mérens ■ ruisseau de l'Estagnol ■ étangs de Fontargente ■ grands rapaces

Dans la région

■ plateau de Beille ■ Lordat : château (volerie d'aigles) ■ route des Corniches (D 20) ■ églises romanes ■ Ax-les-Thermes : bassin des Ladres, sources chaudes

Contrebandiers et passeurs

La crête qui s'étire au Sud des lacs de Fontargente est celle qui sépare la France de l'Andorre, lieu de prédilection pour la contrebande ! De tout temps, les contrebandiers firent passer par là

Les étangs de Fontargente. *Photo A.K.*

alcool, tabac, sel et toutes sortes de marchandises plus ou moins prohibées ; les accrochages avec les douaniers furent parfois sévères et meurtriers.

Pendant la Seconde Guerre mondiale, ce passage a été témoin d'un tout autre type de flux : des réseaux de résistance firent passer en Espagne des aviateurs alliés et, plus tard, des réfractaires au STO, des résistants et des juifs désireux de gagner Londres ou Alger. Beaucoup payèrent de leur vie cette hasardeuse expédition, victimes des balles des gardes-frontières ou de la « fureur » de la montagne.

Si le randonneur se sent une âme d'aventurier, il fera un petit détour par le col d'Incles sur les pas de plusieurs générations de contrebandiers !

Les fils des glaciers

La vallée de la Coume de Varilhes. *Photo A.B.*

Un peu après le départ du Pla de Las Peyres s'ouvre, à droite, la vallée de la Coume de Varilhes, dont la forme en U permet d'apprécier le formidable travail d'usure d'un glacier aujourd'hui disparu. Un peu plus haut vers Fontargente, une impressionnante barre rocheuse suspendue à l'horizon protège l'accès aux étangs. Derrière ce mur sombre, on découvre un espace en creux entouré par de hautes cimes ; les géomorphologues le considèrent comme le lieu de naissance et de mort d'un glacier. Au quaternaire, des amas de glace creusèrent ce cirque avant de rejoindre d'autres langues glaciaires par-dessus la barre rocheuse vue à la montée. Quelque soixante-dix mille ans plus tard, le glacier finit par fondre, ne laissant plus dans ce petit vallon suspendu et isolé que les étangs de Fontargente.

Le ruisseau de l'Estagnol. *Photo A.B.*

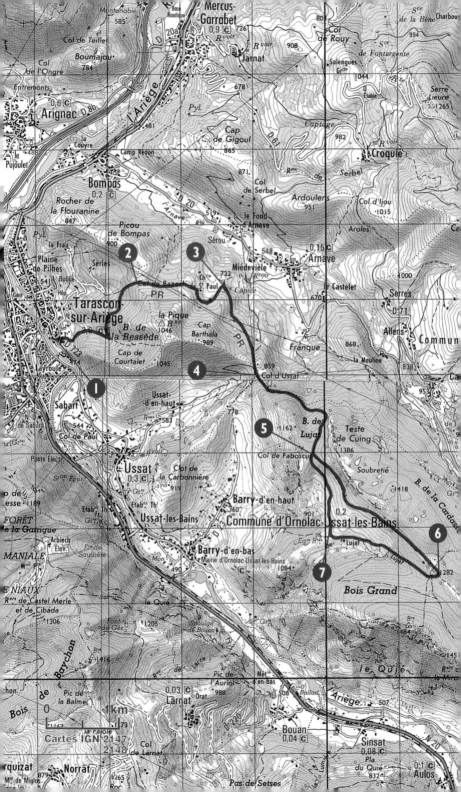

Le chemin des chapelles romanes

6 h 30
18 Km

1282m
470m

Situation Tarascon-sur-Ariège, à 15 km au Sud-Est de Foix par la N 20

Parking place Saint-Michel (au pied de la tour), sur les hauteurs de la vieille ville

Balisage

1 à **4** jaune
4 à **4** non balisé

Difficulté particulière

■ circuit à ne pas entreprendre par temps de brouillard (orientation délicate)

Ne pas oublier

Ramonde pyrénéenne.
Dessin M.G.

Découvrez de manière originale et sportive l'art roman montagnard autour de Tarascon : au programme, les chapelles d'Arnave et de Lujat nichées au cœur des forêts du massif de Quié.

❶ Prendre la petite rue qui fait face à la porte fortifiée d'Espagne, puis continuer par le chemin qui la prolonge et s'élève entre de petits jardins. Entrer dans la forêt et la traverser pour gagner le col de Bazech.

❷ Descendre en pente douce dans le bois de buis, laisser à gauche le sentier menant à Bompas, poursuivre en lisière et arriver en vue de la chapelle Saint-Paul.

❸ Juste avant la chapelle, se diriger à droite vers le col d'Ussat en longeant le flanc Nord-Est de La Pique. Gagner le col d'Ussat.

❹ Au col, prendre à gauche le chemin qui s'enfonce dans la forêt puis grimpe au col de Faboscur.

❺ Suivre à gauche le chemin horizontal sur 2 km. Il débouche sur un vaste replat déboisé.

❻ S'engager à droite sur le chemin qui descend dans la hêtraie et arriver aux ruines du hameau de Lujat (*vestiges de l'église*).

❼ Remonter à droite au col de Faboscur.

❺ Redescendre à Tarascon par l'itinéraire emprunté à l'aller.

À voir

En chemin

■ chapelle romane d'Arnave
■ bois de buis ■ point de vue sur La Pique ■ hameau en ruine de Lujat

Dans la région

■ Tarascon-sur-Ariège : parc de la Préhistoire ■ grottes préhistoriques du Tarasconnais ■ route des Corniches (D 20)

La chapelle Saint-Paul

Loin de toute route, l'humble chapelle Saint-Paul d'Arnave présente les caractéristiques d'un édifice roman. Le plan carré du chœur et les sculptures archaïques des chapiteaux témoignent de l'ancienneté de l'édifice, probablement antérieur au 11e siècle. À deux pas, un autre « édifice » laisse supposer que cet endroit était déjà un lieu de culte avant l'édification de la chapelle : une petite cabane abrite en effet une pierre noire réputée miraculeuse. On rapporte que cette pierre soignait le « mal caduc », autrement dit l'épilepsie, à condition que le malade s'endorme la tête posée dessus. La première attestation écrite de cette pratique date du 14e siècle, mais cette dernière est sans doute beaucoup plus ancienne et antérieure à la christianisation de la région. Si tel est le cas, la construction près de la pierre miraculeuse d'un ermitage devenu chapelle serait le signe de la « christianisation » d'un culte païen plus ancien.

La pique d'Endron depuis le col de Faboscur.
Photo A.B.

Tarascon, carrefour des vallées

Au carrefour de cinq vallées, s'étirant le long de la rivière Ariège, naturellement protégée par les escarpements rocheux des Quiés, la cité de Tarascon a probablement des origines antiques, tant le site se prête à la sédentarisation humaine. Dès le 13e siècle, la ville reçut des comtes de Foix d'appréciables avantages commerciaux et le droit de gestion de ses affaires par le biais de consuls élus démocratiquement. Son emplacement privilégié au cœur des vallées de la haute Ariège lui vaut d'organiser depuis cette époque les plus célèbres foires aux bestiaux de la région.

Plus tard, elle eut à payer un lourd tribut aux guerres de Religion, la ville tombant alternativement entre les mains des catholiques et celles des réformés, avec à la clef de douloureux massacres. Il fallut alors attendre le milieu du 19e siècle pour voir Tarascon redevenir le poumon économique de la région grâce à l'implantation de hauts fourneaux, puis d'une usine d'aluminium.

Tarascon-sur-Ariège. *Photo A.B.*

La chapelle Saint-Paul d'Arnave. *Photo A.B.*

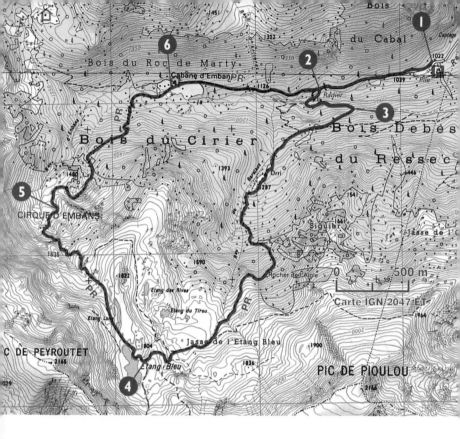

Les porteurs de glace

Au début du siècle dernier, la mode était de mettre un peu de glace dans son verre d'absinthe, et l'on était prêt à toutes les folies pour se procurer cette denrée rare en été... C'est ainsi que des montagnards en vinrent à recueillir, de nuit et pieds nus, la neige qui s'accumulait en masse dans le cirque d'Embans. Ils dévalaient ensuite les pentes avec plus de 60 kilos sur le dos pour aller vendre leur glaciale cargaison dans la vallée. Des charretiers l'emportaient alors et, roulant de nuit et abritant la neige le jour dans des glacières aménagées, approvisionnaient à leur tour les cafetiers de Toulouse, de Montauban et de Bordeaux ! C'est l'invention du réfrigérateur qui fit disparaître ce curieux et rude métier...

Porteurs de glace. *Dessin M.G.*

L'étang Bleu

4 h 30 9 Km 1800m / 1022m

Dans un cadre de haute montagne, cette randonnée mène à deux superbes étangs et offre une vue étonnante sur la face Est du pic des Trois-Seigneurs. La fin de la descente se déroule dans une belle hêtraie.

Situation vallée de la Freyte (Rabat les Trois-Seigneurs) à 10 km au Sud-Ouest de Tarascon -sur-Ariège par les D 618, D 223 et D 523

❶ Emprunter la piste qui fait suite à la route, sur 800 m.

 Parking fin de la route

❷ Après une barrière, franchir le ruisseau à gué (*passerelle 50 m en amont*) et continuer par la piste sur 500 m.

 Balisage jaune

❸ Prendre la deuxième piste de débardage à droite sur 500 m. Quand elle se transforme en sentier, obliquer à gauche et monter dans la forêt le long du ruisseau de Barataus. Passer dans un cirque bien marqué. Le chemin monte en pente raide, puis devient presque horizontal avant de gagner la *jasse* (*prairie d'alpage*) de l'Étang-Bleu. Continuer jusqu'au lac.

 Difficulté particulière

■ descente délicate entre ❹ et ❺ (bonnes chaussures indispensables)

❹ Le longer par la droite et atteindre l'étang Long. À la pointe Nord de celui-ci, grimper sur un mamelon rocheux surplombant la vallée de la Courbière, au bout duquel le chemin plonge vers le cirque d'Embans (*descente parfois délicate*).

Ne pas oublier

❺ Au fond du cirque, le sentier se glisse dans la forêt à droite. Descendre alors dans une remarquable hêtraie jusqu'au ruisseau. Le longer vers l'aval et le traverser sur une passerelle de bois.

❻ Sur le replat herbeux d'Embanels, tourner à droite. En lisière, continuer par le large chemin qui descend et rejoint la piste suivie à l'aller.

À voir

❼ Regagner le parking.

 En chemin

L'étang Bleu. *Photo A.B.*

■ *orris* (anciennes cabanes de bergers) ■ étang Bleu et étang Long ■ cascade de la Freyte ■ cirque d'Embans

Dans la région

■ Tarascon-sur-Ariège : parc de la Préhistoire ■ grottes préhistoriques du Tarasconnais ■ Montgaillard : forges de Pyrène (musée des Vieux Métiers)

Des hommes et du fer

Les mines de Sem. *Photo A.B.*

Les habitants de Sem, d'Olbier et de Goulier ont longtemps arraché du minerai de fer à leur montagne. Le premier document sur la mine de Rancié date de 1293. Le comte Roger Bernard III y dresse une série de privilèges, cédant notamment la mine aux mineurs de Sem, de Goulier, d'Olbier, d'Illier, d'Orus, de Suc, de Sentenac et d'Auzat. Ceux-ci ont jalousement préservé cet avantage même si, dans la pratique, seuls les villages de Sem, d'Olbier et de Goulier exploitaient le gisement. Dès le 14e siècle, ce minerai fut vendu dans toute la France et exporté en Espagne. Rancié devint la plus grande mine de fer des Pyrénées avec plus de 6 millions de tonnes extraites. À la fin du 19e siècle, la mine employait encore 580 ouvriers mais face aux problèmes d'enclavement liés à de nombreux éboulements, elle ferma ses portes en 1929.

Le chemin des mineurs de Sem

Lathrée clandestine. *Dessin M.G.*

Cet itinéraire sillonne les paysages forestiers du versant Nord de la vallée du Vicdessos où les vestiges de l'exploitation minière du secteur sont nombreux.

2 h 50
6 Km

1000m
688m

Situation Vicdessos, à 15 km au Sud de Tarascon-sur-Ariège par la D 8

Parking office du tourisme

Balisage jaune

❶ De la place, traverser le pont et monter par la route de Goulier.

❷ Après le premier virage en épingle, grimper par le sentier à droite vers Goulier puis tout droit vers Sem. Traverser la route et monter par l'escalier taillé dans le talus. Le chemin s'élève dans la forêt, coupe deux fois la D 808 puis atteint le col de Sem.

Ne pas oublier

▶ Possibilité de gagner à gauche le sommet du Palet de Sanson (*point de vue sur la vallée du Vicdessos*).

❸ Du col, descendre par la route jusqu'au village de Sem.

❹ À l'entrée du parking, se diriger à gauche vers l'église. Franchir le pont et longer le ruisseau en rive droite (*après la première passerelle, la place du Minier et un sentier permettent de découvrir les activités de la mine*). Continuer par le sentier historique et pavé (*qu'empruntaient les muletiers autrefois afin de descendre le minerai vers Cabre*). Emprunter plusieurs passerelles, puis suivre le panneau « Trémie » avant de remonter en direction d'Arconac. Passer le pont et traverser le village.

❺ Continuer par la D 64 à gauche pour rejoindre Vicdessos.

Le « dolmen » (bloc erratique).
Photo A.B.

À voir

En chemin

■ Palet de Sanson : point de vue ■ Sem : exposition sur la mine (mairie) ■ vestiges miniers (poudrière, trémie) ■ château de Cabre (privé)

Dans la région

■ Siguer : maison de chasse des comtes de Foix (salle d'exposition) ■ hautes vallées de l'Artigue et de Soulcem ■ villages de montagne ■ Niaux : Musée pyrénéen, grottes de Niaux et de la Vache

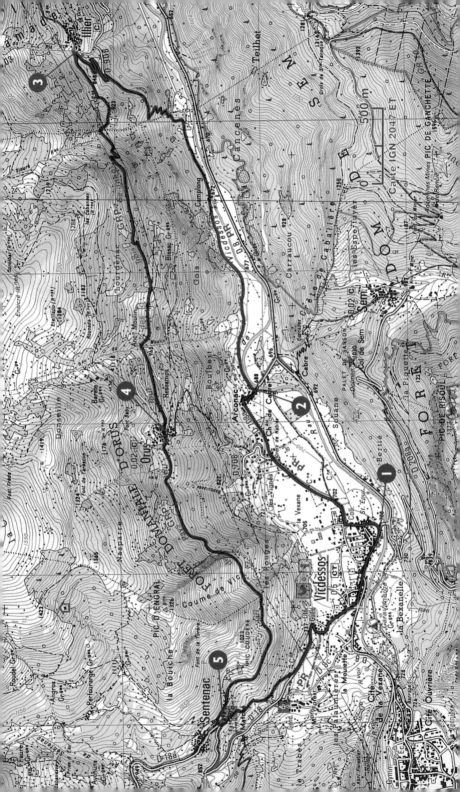

La soulane du Vicdessos

4 h
12 Km

1034m
672m

Situation Vicdessos, à 31 km au Sud-Ouest de Foix par les N 20 et D 8

Parking office du tourisme

Balisage
❶ à ❸ jaune
❸ à ❺ jaune-rouge
❺ à ❶ jaune

De typiques « bâtisses » montagnardes, un chemin pavé à flanc de pente tout à fait remarquable et une vue portant jusqu'au Montcalm (3 077 m) agrémentent cette belle balade sur le versant ensoleillé de la vallée du Vicdessos.

❶ De la place, prendre la direction d'Arconac par la D 64 et traverser ce hameau.

❷ Au niveau du lavoir, emprunter la piste carrossable à gauche. Passer devant la ferme de Camplong et monter vers le ruisseau de Siouré. Le franchir, puis s'élever jusqu'à la D 908. La prendre à gauche pour atteindre Illier.

❸ À l'entrée du village, se diriger à gauche vers Orus. Le chemin longe la montagne vers l'Ouest, traverse un ruisseau, grimpe une pente raide jusqu'à un pylône, puis descend à un ancien moulin avant de déboucher sur une route. La suivre sur 100 m et s'engager à droite sur le sentier qui mène à Orus.

Ne pas oublier

❹ De l'église, aller vers la placette et, sous cette dernière, prendre la direction de Sentenac par le chemin des Mariés (dit aussi chemin des Nobits). Il conduit par le flanc Sud du pic d'Engral au village de Sentenac.

À voir

En chemin

■ villages de *soulane* ■ croix et grotte des Nobits ■ Sentenac : ancienne chapelle

❺ Descendre à gauche sous le cimetière, puis continuer par la D 18 qui ramène à Vicdessos.

Dans la région

■ château de Miglos ■ hautes vallées de l'Artigue et Soulcem ■ Niaux : Musée pyrénéen, grotte ■ grottes de la Vache, de Bédeilhac et de Lombrives

Genêt. *Dessin M.G.*

Les villages du soleil

Dans les hautes vallées ariégeoises orientées selon un axe Est-Ouest, comme celle du Vicdessos, l'ensoleillement du versant Sud peut être huit fois supérieur à celui du versant Nord. C'est donc naturellement sur cette *soulane* que se sont installés les montagnards au cours des siècles. Les villages y étaient nombreux, et généralement groupés aux alentours de 1 000 mètres d'altitude. Entre ces villages et les pâturages d'estive, les terres étaient déboisées pour un usage agricole jusqu'à environ 1 200 mètres d'altitude : chaque mètre carré de terrain était alors vital, et l'on bâtissait des terrasses avec murettes pour retenir la terre et couper les pentes. À partir de 1850, l'exode rural vide les villages. Aujourd'hui, la forêt a regagné du terrain et rares sont les terrasses encore cultivées, laissant aux seuls randonneurs le plaisir de découvrir les recoins des *soulanes* du Vicdessos.

Le village d'Orus.
Photo A.B.

Le chemin des mariés

Entre Sentenac et Orus court un chemin qui fait état d'une pratique assez peu commune : à quelques pas d'Orus se trouve un petit oratoire où l'on mariait par tradition les jeunes issus des deux villages. Cette coutume immémoriale proviendrait d'une pratique païenne oubliée ou, plus simplement, d'une volonté de ménager les susceptibilités réciproques dans un mariage unissant des jeunes gens de villages différents, tiraillés par d'interminables querelles de clocher. Après tout, n'affirme-t-on pas, dans une autre vallée de l'Ariège, que des amoureux ne pouvant se marier faute d'un accord des familles concernant leur lieu d'habitation durent faire preuve d'imagination et construire leur maison à cheval sur le ruisseau séparant les deux villages ? D'autres amoureux, à Saurat, furent moins heureux : désespérés d'être séparés par leur lieu de naissance et l'intransigeance des aînés, ils se transformèrent en rochers…

Le village d'Orus. *Photo A.B.*

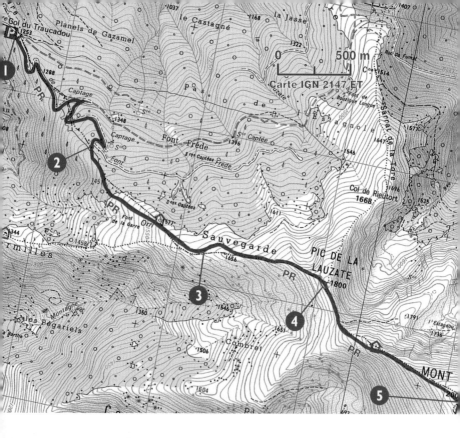

La montagne aux moutons

Mont Fourcat. Vue sur le Montcalm.
Photo A.B.

Depuis que l'homme s'est fait agriculteur et éleveur, les montagnards mènent leurs bêtes en altitude pendant l'été : c'est ce que l'on appelle l'«estive». Il n'est pas d'animal mieux adapté à la montagne que le mouton ! Rustique, endurant, le pied sûr, se contentant de peu, il n'a aucune difficulté à passer plusieurs mois en altitude, fut-ce à plus de 2 000 mètres. Les pentes du mont Fourcat étaient autrefois entièrement consacrées à la pâture ; chaque année, plusieurs milliers de bêtes montaient occuper ce terrain. Mais aujourd'hui, suite au brutal exode rural et aux difficultés propres à l'élevage de montagne, les hommes et les bêtes se font rares, ici comme ailleurs. La fougère envahit les pentes, annonçant le retour de la forêt…

Le mont Fourcat

Grand tétras. *Dessin M.G.*

Sur cet itinéraire en crête, la vue porte sur l'ensemble de la chaîne ariégeoise et sur la plaine toulousaine. L'été, les troupeaux sont nombreux : une belle occasion de découvrir le pastoralisme.

5 h 30
11 Km

2001m
1253m

Situation Croquié (commune de Mercus-Garrabet), à 20 km au Sud-Est de Foix par les N 20 et D 61.

P **Parking** bout de la route forestière de Font-Frède (barrière), à 10 km à l'Est du hameau

 Balisage jaune

 Difficulté particulière

■ circuit à ne pas entreprendre par temps de brouillard ou d'orage (crête délicate)

❶ Du parking du Traucadou, suivre la piste forestière de droite qui monte en lacets dans la forêt sur 2,5 km jusqu'à un croisement de pistes.

❷ Prendre la piste pastorale qui continue tout droit et s'élève jusqu'à la crête (1 620 m).

❸ Monter par la crête à gauche (plein Est) pour gagner le pic de la Lauzate (1 800 m).

❹ Poursuivre par la piste pastorale et la crête à droite et atteindre une cabane. Poursuivre l'ascension le long de la crête jusqu'au mont Fourcat (2 001 m).

❺ Redescendre par le même itinéraire.

▶ Variante de descente (*balisage jaune, 3 h 30 de descente, circuit linéaire complet de 6 h*) en laissant un deuxième véhicule à Freychenet : dévaler la crête Nord, passer près des Hommes de Pierre (cairns) puis, à la cabane du Coulobre, continuer à descendre le long de la crête en forêt jusqu'à Freychenet.

Ne pas oublier

Randonneur au sommet du Fourcat.
Photo A.B.

À voir

 En chemin

■ forêt domaniale
■ troupeaux et pastoralisme
■ panorama

Dans la région

■ Tarascon-sur-Ariège : parc de la Préhistoire
■ grottes préhistoriques du Tarasconnais ■ Montgaillard : forges de Pyrène (musée des Vieux Métiers)

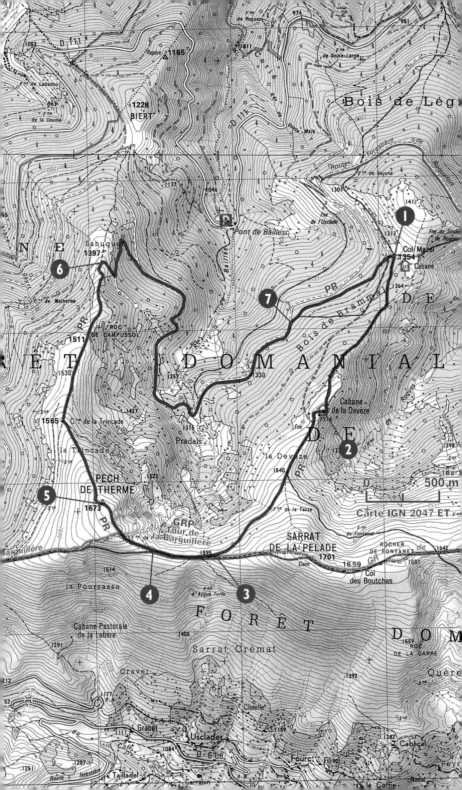

La pastorale en Barguillère 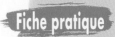 14

3 h 30
9 Km
1673m 1310m

Cette grande boucle sur les crêtes rondes et herbeuses des montagnes de la région de Foix – où la tradition pastorale est encore bien vivante – traverse également une belle forêt domaniale.

1 Du col Mazel (1 354 m), monter dans la pelouse à droite, dépasser la cabane, puis traverser la forêt sur 800 m le long de la crête, pour arriver à la cabane de la Devèze (1 514 m).

2 Continuer par la crête sur 500 m, puis traverser la pente à flanc vers la droite pour gagner la crête à l'Ouest d'un sommet rond, le Sarrat de la Pelade.

3 Suivre la crête à droite sur 500 m.

4 Laisser le GR® de Pays partir sur le flanc Sud et continuer à droite sur la crête. Atteindre le sommet du *pech* de Therme (1 673 m ; *vue panoramique sur la chaîne des Pyrénées, au Sud, et sur la plaine de l'Ariège, au Nord*).

5 Descendre par la crête vers le Nord et passer devant la cabane de la Trincade. Continuer la descente par la crête.

6 Au niveau d'un troisième replat herbeux, 50 m avant les ruines d'une autre cabane, prendre à droite le petit chemin. Il descend sur une piste. L'emprunter à gauche jusqu'à l'embranchement avec une piste plus large. Suivre alors cette dernière à droite, passer au fond du cirque et continuer sur 1 km.

7 Bifurquer à droite sur le chemin (repérable à un cairn) qui ramène, à flanc de pente, au col Mazel.

Cerf. *Dessin M.G.*

Situation forêt domaniale de l'Ancien-Consulat-de-Foix, à 20 km à l'Ouest de Foix par les D 21 et D 11 jusqu'au col de Légrillou

 Parking col Mazel, par la route forestière à gauche, la première piste à droite et, au croisement des cinq pistes, la deuxième piste à gauche

 Balisage

1 à **3** jaune
3 à **4** jaune-rouge
4 à **1** jaune

 Difficulté particulière

■ circuit à ne pas entreprendre en cas de brouillard

Ne pas oublier

À voir

 En chemin

■ forêt domaniale
■ troupeaux et pastoralisme
■ points de vue sur la chaîne des Pyrénées

 Dans la région

■ château de Foix
■ Montgaillard : forges de Pyrène (musée des Vieux Métiers)

La brebis tarasconnaise

Depuis plus de six mille ans, les Pyrénées ariégeoises vivent au rythme des transhumances, cet immuable mouvement des troupeaux entre la vallée et les alpages. Au néolithique, l'expansion de l'agriculture en vallée poussa les hommes à faire paître leurs bêtes en altitude, au-delà de la limite naturelle des forêts. Cette migration animale limitée à l'été prit le nom de la période concernée (*l'estiou*) et devint l'estive. Si chacun avait sa méthode de gestion des troupeaux – en Barguillière on payait un vacher, à Saurat on se relayait pour surveiller les bêtes –, tous se retrouvaient pour organiser collectivement l'usage des pâturages. De tout temps, les brebis « tarasconnaises » furent majoritaires sur ces estives. Cette race locale, reconnaissable à ses belles cornes enroulées, est réputée pour sa rusticité lui permettant de s'adapter facilement aux rudes conditions d'altitude.

Brebis tarasconnaise. *Photo A.B.*

La vache gasconne

Si vous vous promenez sur les estives de l'Ariège, vous ne pourrez pas les manquer ! Ici ou là paissent en effet de petites vaches grises : les gasconnes. Ces vaches, peu productives en lait, ont été un temps délaissées au profit de la brune des Alpes dans le département. Mais, grâce à leur inlassable activité, les défenseurs de la race gasconne ont réussi depuis une vingtaine d'années à rendre sa notoriété à cette bête remarquable. Petite, assez légère, la gasconne est surtout exceptionnellement robuste et résiste sans mal aux conditions montagnardes. Les veaux sont élevés sous la mère, et passent également l'été à 2 000 mètres d'altitude, sur les pâturages. De quoi donner une viande succulente et saine, très recherchée par les consommateurs.

Vache gasconne et son veau. *Photo A.B.*

Le ruisseau de Baillès. *Photo A.B.*

Le château comtal

Le château de Foix. *Photo A.B.*

L a forteresse qui domine la vieille ville résume à elle seule l'histoire prestigieuse des comtes de Foix. Issu du partage de la vicomté de Carcassonne en 1002, le comté de Foix allait devenir l'une des places les plus solides du Languedoc. Les comtes eux-mêmes furent souvent des personnages hauts en couleur, comme Raymond Roger, ennemi acharné de Simon de Montfort pendant la croisade contre les cathares, Roger Bernard III, qui connut les prisons de France et d'Aragon sans jamais se soumettre, Gaston Phébus, brillant prince des Pyrénées, ou enfin le plus célèbre et le dernier d'entre eux, Henri de Navarre, devenu Henri IV, roi de France et qui finit par lier définitivement le comté à la Couronne.

Le Saint-Sauveur de Foix

2 h 40
3,5 Km

710m
370m

Situation Foix, centre-ville

Parking allées de Villote

Balisage jaune

Au départ de la cité comtale, le chemin du Saint-Sauveur est probablement le plus apprécié des Fuxéens. Ce chemin, bien tracé, est agréablement ombragé, et la vue plongeante sur le château et la vieille ville n'a pas son égale. Certes, la montée est parfois assez franche, mais quelle récompense !

➊ Remonter les allées de Villote. Juste après la mairie, prendre la ruelle à droite. Elle débouche sur la place Parmentier. Après une maison à pans de bois, s'engager à gauche dans la ruelle qui se termine par des escaliers. En haut de ceux-ci, suivre à droite la ruelle qui passe au pied du château, au cœur de la ville médiévale. Descendre par cette « rue des Grands Ducs » et tourner deux fois à gauche (par la rue du Rocher) pour arriver devant le tribunal, au pied de la rampe d'accès au château comtal.

➋ Descendre par la ruelle de la Fontaine-du-Lion qui fait face au tribunal et déboucher sur la place de l'Église. Tourner à gauche, passer devant la préfecture, puis virer à nouveau à gauche pour descendre au ruisseau de l'Arget.

➌ Franchir le pont et prendre la rampe qui monte à droite. Au sommet, suivre à gauche le chemin qui passe entre deux murettes puis entre dans la forêt, avant de s'élever en lacets. Suivre ce chemin principal pour arriver à la croix du Saint-Sauveur.

▶ Possibilité de gagner le sommet du Saint-Sauveur (*balisage jaune, 30 mn aller-retour*).

➍ Descendre par le même itinéraire.

Ne pas oublier

La « rue des Grands Ducs » à Foix.
Photo A.B.

À voir

En chemin

■ château comtal ■ vieille ville et abbatiale ■ ruines de l'ermitage

Dans la région

■ Montgaillard : forges de Pyrène (musée des Vieux Métiers) ■ rivière souterraine de Labouiche ■ vallée de la Barguillère ■ château de Roquefixade

Le catharisme

Vers l'an mil, un christianisme dissident, le catharisme, apparut en Europe. Soutenu par les princes méridionaux, il se développa dans la région : l'Ariège fut rapidement conquise par cette doctrine qui prônait un retour à la pureté originelle du christianisme. Prêchant également une vision dualiste du monde, elle fut condamnée par la papauté, qui déclencha en 1209 une croisade contre les cathares. Foix et son château connurent de violents combats, les faubourgs furent brûlés, mais le nid d'aigle comtal ne fut jamais pris de vive force, et il fallut vingt ans de guerre pour qu'il se soumette. Si c'est un peu plus loin, à Montségur, que le catharisme connut son dernier drame majeur, le château de Foix demeure le seul témoin intact de cette page d'histoire.

Le château de Foix. *Photo A.B.*

Le Pech de Foix

Le *pech* (« pic », en occitan) qui domine Foix offre une vue splendide sur la cité fuxéenne. Il est aussi le départ du célèbre « sentier Cathare », qui mène de château en château jusqu'à la mer.

2h30
6 Km

860m
370m

Situation Foix

Parking gare

Balisage
jaune-rouge

Gentiane de Koch.
Dessin M.G.

Ne pas oublier

① Monter par la rue de la Gare. Traverser la N 20 et s'engager en face dans la ruelle.

② Dès qu'elle cesse de monter, prendre l'impasse à droite. Au bout, poursuivre par le chemin qui monte vers la droite, dépasse les jardins, puis grimpe entre forêt et clairières. Passer sous une ligne électrique et continuer sur 300 m jusqu'à une intersection.

▶ Un sentier part à droite vers un petit belvédère de l'éperon rocheux (*point de vue plongeant sur Foix*).

③ Poursuivre par le sentier principal, contourner un grand pré clôturé et arriver sur une piste large et confortable.

④ Dans le virage en épingle, en contrebas d'une ferme, continuer tout droit jusqu'à la ferme abandonnée du Pech-de-Naut. Gagner alors la crête. La longer à droite pour atteindre, à vue, le *pech* de Foix (860 m).

⑤ Descendre par le même itinéraire.

 En chemin

■ point de vue sur Foix

 Dans la région

■ Foix : château comtal et vieille ville ■ Montgaillard : forges de Pyrène (musée des Vieux Métiers) ■ vallée de la Barguillère ■ château de Roquefixade ■ rivière souterraine de Labouiche

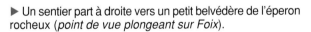

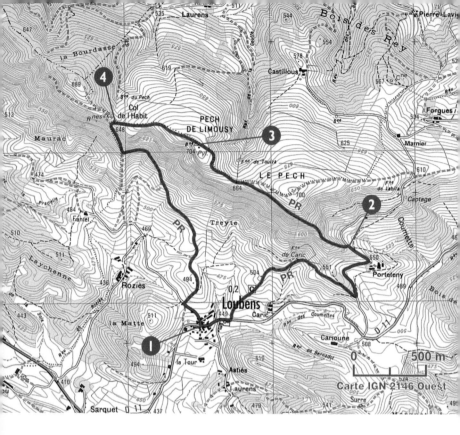

La gastronomie ariégeoise

Gargantua aurait pu être ariégeois ! Si vous avez l'estomac dans les talons après une belle balade dans le Plantaurel, installez-vous à une bonne table de la région et laissez-vous guider : on pourra vous proposer en entrée un assortiment de charcuteries dont le *cambajou* (jambon), puis, selon la saison, un civet de lièvre aux cèpes, un *azinat* (potée aux choux) ou la célèbre *mounjetado* (cassoulet local). Goûtez ensuite aux fromages de montagne, parmi lesquels le beth-male, que vous accompagnerez d'un vin du Plantaurel. Et n'oubliez surtout pas le dessert : le *millas* (un gâteau de

Gastronomie ariégeoise. *Photo A.B.*

farine de maïs frit), la croustade aux pommes, les *pescaillous* (crêpes de sarrasin) ou les merveilles (beignets) émerveilleront vos papilles.

Le Pech de Limouzy

2 h
5,5 Km

704m
449m

Dans la douceur des coteaux du Plantaurel, cette balade familiale permet de gagner les hauteurs, d'où la vue, par temps clair, s'étend des Pyrénées orientales au pic du Midi de Bigorre !

Cèpe.
Dessin M.G.

Situation Loubens, à 15 km au Nord-Ouest de Foix par les N 20, D 919 et D 11

Parking
au-dessus
de l'église

Balisage
jaune

❶ Emprunter la D 11 en direction de Pamiers, dépasser l'église, puis s'engager sur le chemin encaissé qui monte à gauche. Longer les prés par la gauche, puis s'écarter de la clôture pour traverser à gauche le terrain planté de chênes. Passer une butte et descendre jusqu'à une petite route. La prendre à gauche, laisser la ferme à droite, et continuer sur 300 m.

❷ Bifurquer à gauche sur le large chemin. Il monte à travers bois, puis au milieu des fougères, jusqu'à un relais de télévision, au sommet du pech de Limouzy (704 m ; *par temps clair, la vue porte des Pyrénées orientales au pic du Midi*).

❸ Descendre le long de la crête jusqu'au col de l'Habit (648 m).

Ne pas oublier

❹ Contourner les ruines par la droite, puis descendre à gauche. Passer au bord d'un champ et longer la colline jusqu'à une clôture. Retrouver alors un chemin bien tracé qui descend, au milieu des pâturages, au village de Loubens.

Chêne
sur le flanc
du pech
de Limouzy.
Photo A.B.

À voir

En chemin

■ Loubens : église ■ point de vue sur les Pyrénées

Dans la région

■ hameau de Forgues : fromagerie ■ Foix : château comtal et vieille ville ■ rivière souterraine de Labouiche

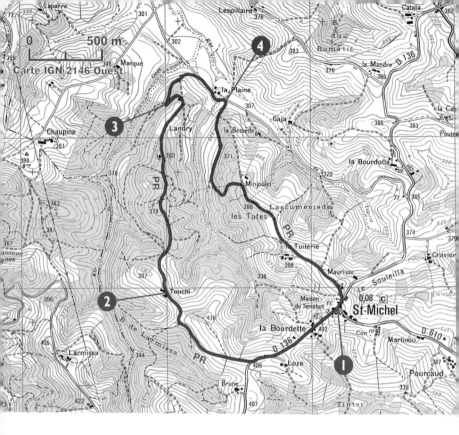

L'agriculture du Terrefort

Champ de tournesols. *Photo A.B.*

Les doux coteaux appaméens se prêtent volontiers à l'agriculture céréalière, comme l'atteste une chanson locale évoquant les « verts champs de maïs » ! Le haricot montait autrefois le long des tiges de maïs pour trouver le soleil mais, avec les méthodes modernes de récolte, cette cohabitation n'existe plus. En revanche, d'autres cultures sont venues s'ajouter au blé et au maïs, comme le tournesol, le sorgho ou le colza. Conscients de leur action sur le paysage et de leur rôle à jouer dans le domaine économique, les agriculteurs du Terrefort font aujourd'hui de réels efforts d'adaptation et de créativité pour élaborer des produits de qualité représentatifs de leur terroir, au plus près des goûts des consommateurs.

Le sentier de découverte du Terrefort

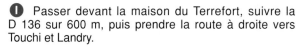

 Fiche pratique **18**

2 h
5 Km

406m
307m

Cet itinéraire de ferme en ferme a été aménagé sur les coteaux du Terrefort par les agriculteurs locaux. L'une des fermes possède des daims et des sangliers que l'on peut observer.

❶ Passer devant la maison du Terrefort, suivre la D 136 sur 600 m, puis prendre la route à droite vers Touchi et Landry.

❷ Au bout de la route, au niveau de la ferme de Touchi, continuer par la piste qui part à droite et file en forêt jusqu'à la ferme de Landry, laquelle jouxte un parc à sangliers.

❸ Descendre à droite jusqu'à la route. La prendre à droite et franchir le petit pont.

❹ Juste après, monter à droite, passer une barrière verte (*sans oublier de la refermer soigneusement*), puis longer la lisière de la forêt. Entrer dans celle-ci pour suivre une piste en terre jusqu'à la ferme de la Tuilerie. Emprunter la voie à gauche pour revenir à Saint-Michel en passant devant une table d'orientation.

Situation Saint-Michel, à 15 km à l'Ouest de Pamiers par les D 119 et D 610

Parking maison du Terrefort

Balisage jaune

Ne pas oublier

Sanglier.
Dessin M.G.

 À voir

En chemin

■ panneaux pédagogiques
■ enclos à animaux
■ maison du Terrefort ■ parc animalier

 Dans la région

■ Pamiers : cathédrale, tour de la Monnaie, pont romain

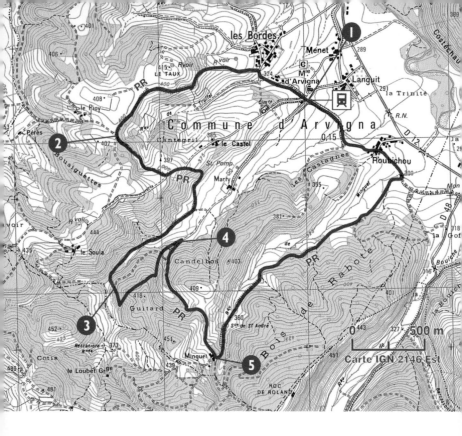

Le coco de Pamiers

Le coco de Pamiers. *Photo A.B.*

Venu d'Amérique, le gros haricot blanc a supplanté la traditionnelle fève dans nos régions, et ce dès le 17e siècle. Deux variétés se partagent les faveurs des cuisinières pyrénéennes : le haricot tarbais et le coco de Pamiers. Ce dernier, qui avait pratiquement disparu, fait un retour en force sur les marchés de la région. Petit mais extrêmement savoureux, ce *mounjeta* (« haricot » en occitan) redevient l'élément de base du cassoulet, mieux connu en Ariège sous le nom de *mounjetado*. Pour le préparer, on mélange ensemble 1 kg de cocos, préalablement trempés pendant une nuit, 500 g de tomates, quelques oignons et de l'ail, puis l'on fait mijoter le tout avec un morceau de couenne, de la saucisse et parfois du confit de canard ! Le résultat est fameux.

Autour d'Arvigna

3 h
7,5 Km

407m
300m

Sympathique balade, la plupart du temps ombragée, sur les coteaux qui dominent la vallée du Douctouyre. Une agréable manière de découvrir un secteur peu connu mais attachant de l'Ariège.

Situation Arvigna, à 10 km à l'Est de Pamiers par les D 119 et D 12

P **Parking** place de la Mairie (hameau des Bordes)

Balisage jaune

❶ De la place, se diriger à droite vers Les Bordes. Au deuxième carrefour, juste avant le hameau, tourner à gauche et monter vers la forêt. Continuer tout droit par le chemin de terre, laisser un chemin à droite et aller jusqu'à une croisée de quatre chemins.

❷ Passer un portail et prendre à gauche le sentier qui descend dans les bois. Emprunter la route à gauche sur 100 m, puis partir à droite et descendre en lacets puis à flanc de pente jusqu'au ruisseau. Le franchir par une passerelle.

Ne pas oublier

Faucon crécerelle.
Dessin M.G.

À voir

❸ Laisser le chemin à gauche, monter 50 m et prendre le virage à gauche. Longer le ruisseau à droite sur 500 m avant de le retraverser et d'aller à droite.

En chemin

■ coteaux et forêts ■ ruisseau de Rescanière

❹ À la route, traverser le petit pont pour monter au hameau de Minguet, en laissant à droite le chemin après le pont.

Dans la région

❺ Au niveau de la fontaine, prendre à gauche le chemin de terre qui descend sur 2 km. En bas, franchir le pont à gauche et gagner Roubichou. Traverser le hameau et continuer par la route qui ramène à la mairie d'Arvigna.

■ Pamiers : abbaye de Cailloup, pont romain, cathédrale, tour de la Monnaie ■ Mirepoix : bastide, couverts, cathédrale ■ Vals : église rupestre du 11e siècle

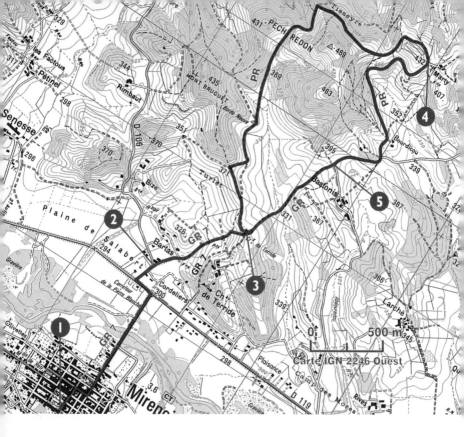

Mirepoix et son château

Couvert sculpté. *Photo D.V./CDT 09*

L'actuel château de Terride est le descendant du château féodal qui commandait la route entre Foix et Carcassonne. Il fut pris en 1209 par Simon de Montfort lors de la croisade contre les cathares, et ses terres furent annexées. La ville de Mirepoix était alors groupée au pied de cette citadelle, le long de la rivière. Celle-ci sortit de son lit à la fin du 13e siècle et ravagea la cité. Le seigneur du lieu fit reconstruire par prudence la ville en hauteur et adopta le même plan urbain que les bastides de la région. Mirepoix est ainsi organisée autour d'une place rectangulaire bordée de couverts (passage couvert) et dédiée au commerce. Siège d'un évêché, dynamique, la nouvelle Mirepoix devint vite un centre important d'échanges et de commerce.

Le chemin de Pézégado

Flânez sur les coteaux de Mirepoix (*vue dégagée sur la montagne ariégeoise*) avant de vous glisser sous un agréable couvert forestier où des chevreuils et des daims se laissent parfois surprendre.

Chevreuil. *Dessin M.G.*

Situation Mirepoix, à 21 km à l'Est de Pamiers par la D 119

 Parking église

Balisage

❶ à ❸ blanc-rouge
❸ à ❺ jaune
❺ à ❶ blanc-rouge

Ne pas oublier

❶ De la place des Couverts, partir en direction de Carcassonne et sortir de la ville. Passer le pont et, au carrefour, prendre à gauche la D 625. Au premier embranchement, emprunter la D 106 à droite jusqu'aux premières maisons du hameau de Bartas.

❷ Prendre la petite route à droite sur 200 m, puis s'engager à droite sur le large chemin de terre qui longe les prés au pied du château de Terride. Passer une barrière et monter à droite puis à gauche jusqu'à la crête où se trouve la croix de Terride (*cette antique croix de pierre se trouve sur la crête, juste au-dessus du chemin*).

❸ Emprunter à gauche le chemin agricole qui longe le haut de la crête jusqu'au pied d'une colline boisée. Tourner à droite, contourner la colline et longer des champs et des prés. Passer près d'une ruine et s'enfoncer dans le bois. Le circuit fait un coude vers la droite, en restant dans le sous-bois. Déboucher sur une petite avancée de crête, de laquelle la route est visible en contrebas. Continuer par le chemin à gauche. Il mène au hameau de Marty et à la route.

❹ Descendre par la route à droite. Surplomber l'ancienne ferme de Bourdicou et, au croisement, monter par la route à droite sur 400 m. Arriver dans un grand virage à gauche, avant le hameau de Bastonis.

❺ Suivre le GR® 7 qui descend tout droit, passe devant des enclos à daims et atteint un ruisseau. Le franchir et remonter à la croix de Terride.

❸ Par l'itinéraire emprunté à l'aller, rejoindre le centre de Mirepoix.

À voir

 En chemin

■ Mirepoix : bastide, couverts et cathédrale Saint-Maurice ■ croix de Terride ■ sous-bois et points de vue

 Dans la région

■ lac de Montbel ■ Vals : église rupestre

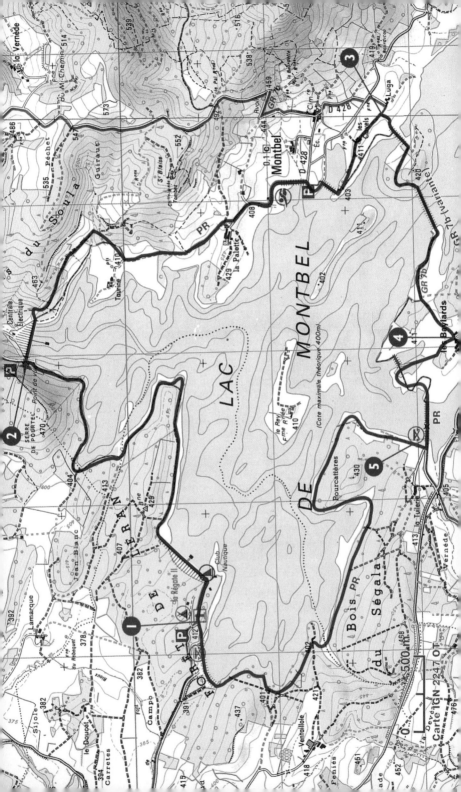

Le lac de Montbel

3 h 45 / 15 Km

420m / 400m

Cet itinéraire fait le tour du lac de Montbel au plus près de l'eau. On profite, sans aucune pente à gravir, de vues superbes sur le massif de Tabe et de l'alternance rafraîchissante de bois et de plages.

Situation barrage de Montbel, à 12 km au Nord-Est de Lavelanet par les D 620 et D 28

Parking base de loisirs nautique La Régate

❶ De la base nautique, partir à gauche et traverser la digue. Entrer dans les sous-bois et longer le bord du lac jusqu'au barrage.

Balisage

❶ à ❸ jaune
❸ à ❹ blanc-rouge
❹ à ❶ jaune

❷ Emprunter la digue et tourner à droite. Passer une clôture pour aller traverser une pinède, longer la ferme aquacole (*elle ne se visite pas*), puis suivre la route qui passe à la ferme du Fort et descend à une petite plage et à une buvette. Rester au plus près du lac pour gagner la petite digue de Montbel et la traverser. Aller à gauche pour rejoindre une deuxième digue. La traverser et aller à gauche.

❸ À l'embranchement, tourner à droite, traverser une troisième digue, l'île, puis utiliser la digue de la Fajane avant d'arriver au hameau des Baylards.

Ne pas oublier

❹ Suivre la route à droite sur 300 m et, au niveau de la digue, bifurquer à gauche. Suivre le bord du lac, traverser la nouvelle et grande digue de la Tuilerie et trouver une buvette.

❺ Derrière la buvette, prendre le chemin qui longe le lac. En épousant parfaitement le bord de ce dernier, l'itinéraire débouche sur une dernière digue. Poursuivre par la route qui monte et rejoindre la base nautique.

Plage du lac de Montbel.
Photo K.C.

À voir

En chemin

■ points de vue sur le lac et le massif de Tabe ■ sports nautiques ■ pisciculture

Dans la région

■ Mirepoix : bastide et couverts ■ Camon : village fortifié ■ Lagarde : château

Le lac de Montbel

A co es uno colhonada de mes (« c'est encore une plaisanterie de plus »), disait-on dans les années 1970 en parlant d'un projet de lac. Rares étaient ceux qui imaginaient possible la mise en eau de Montbel, et pourtant… En 1984, après

Le lac de Montbel. *Photo A.B.*

presque quinze ans d'études et de travaux, le lac devint réalité, engloutissant au passage deux fermes du secteur. Il fallut creuser une galerie de 800 mètres pour l'alimenter avec l'eau de la rivière de l'Hers. Couvrant 570 hectares, ce lac d'une contenance de 60 millions de mètres cubes d'eau permet l'irrigation de 28 000 hectares étalés sur trois départements du Languedoc-Roussillon et du Midi-Pyrénées. De nouvelles activités se sont développées autour de cette réserve aquatique, parmi lesquelles un cercle nautique très actif et une ferme aquacole. La plaisanterie d'hier est ainsi devenue, par l'irrigation, la pisciculture, les loisirs sportifs et le tourisme, un élément incontournable de l'Ariège d'aujourd'hui.

Les truites de Montbel

S'il est un poisson symbolisant les montagnes pyrénéennes, c'est bien la truite ! Présente dans les torrents et dans les lacs, elle est particulièrement appréciée des pêcheurs et des gastronomes. Pour faire face aux besoins de millions d'amateurs, les pêcheurs du dimanche ne suffisent pas. Au bord du lac de Montbel, une ferme aquacole, leader sur son marché, élève des truites en « cage ». Si vous préféreriez savoir ces poissons en liberté, sachez que les cages sont d'immenses filets de 500 mètres cubes plongés dans les 60 millions de mètres cubes d'eau provenant directement des montagnes ariégeoises… Tout est fait pour éviter aux truites le moindre stress, lequel influe

directement sur la qualité de la chair du poisson. La ferme aquacole, en permanente évolution, va s'orienter vers un élevage biologique, et deviendra ainsi l'un des premiers producteurs de truites « bio » en Europe (cette structure ne peut être visitée).

Truite. *Dessin M.G.*

Le lac de Montbel. *Photo G.S.*

La forêt de Bélesta

5 h
15 Km

910m
493m

Situation Bélesta, à 8 km à l'Est de Lavelanet par la D 117

Parking Fontestorbes, à 1 km au Sud-Ouest du bourg par la D 16 (direction Montségur)

Balisage
❶ à ❼ jaune
❼ à ❶ jaune-rouge

Rejoignant l'étonnante source intermittente de Fontestorbes, cette longue mais facile balade traverse la plus célèbre forêt de l'Ariège (nombreuses espèces forestières) et de charmants petits hameaux isolés.

❶ Suivre la D 16 vers Montségur sur 100 m. Au niveau d'une ancienne scierie, prendre la piste forestière à gauche et monter dans la forêt. Franchir le collet et déboucher sur la route, au pont du Mayne. Passer le pont et continuer par la route sur 200 m.

❷ Partir à droite vers Rieufourcant et traverser le hameau. 50 m après, franchir le ruisseau, puis monter à gauche à Couquet.

❸ Contourner le premier bâtiment à droite, puis monter par le chemin herbeux. Atteindre la crête boisée et descendre par la piste forestière au lieu-dit Le Château (*fontaine, lavoir*).

❹ Prendre la piste forestière de l'autre côté de la route. Elle monte au Cailhol-d'en-Haut. Là, virer à droite en passant sous un bâtiment agricole. Le chemin traverse la colline puis descend en pente douce. Arriver à une intersection, près du gouffre des Corbeaux.
▶ Possibilité de se rendre sur le site du gouffre (*aménagé pour une visite sécurisée, prudence*).

❺ Gagner tout droit le hameau du Gélat. Poursuivre par la piste qui descend, puis emprunter la route à droite sur 300 m. Dans le virage, laisser à gauche le chemin qui mène à la croix de Millet et continuer par la route jusqu'à 100 m d'un relais de télévision.
▶ Possibilité de gagner la croix de Millet, en suivant la crête à gauche (*vue panoramique*).

❻ Quitter la route pour prendre à gauche le chemin qui descend vers Bélesta. Au croisement, suivre la route à gauche. Utiliser le chemin qui coupe plusieurs lacets puis, avant d'entrer dans le village, prendre le chemin à gauche et arriver à un carrefour routier.

❼ Suivre le GR® de Pays d'Olmes à gauche. Franchir l'Hers et monter à gauche par la rue du Vieux-Bélesta. Atteindre la sortie du village. Bifurquer à gauche sur le chemin forestier qui longe l'Hers et arriver à la hauteur de la fontaine de Fontestorbes. Quitter le GR® de Pays, traverser la rivière à gué (*projet de passerelle pour 2004*) et rejoindre le parking.

Difficulté particulière

■ chemin boueux au départ ; gouffre des Corbeaux impressionnant mais aménagé ; gué entre ❼ et ❶

Ne pas oublier

À voir

En chemin

■ fontaine intermittente de Fontestorbes : site réaménagé en 2004 ■ forêt domaniale ■ gouffre des Corbeaux

Dans la région

■ château de Montségur
■ gorges de la Frau

Fontestorbes

Suivant l'heure à laquelle on passe devant la fontaine de Fontestorbes, le débit de celle-ci ne sera pas toujours le même : la fontaine est en effet intermittente. Coulant à plus de 1 800 mètres cubes par minute lorsqu'elle est à plein régime, elle peut, quelque vingt minutes plus tard, ne laisser échapper qu'un misérable filet d'eau. Cette source était déjà connue des Romains, et le poète Guillaume de Salluste du Bartas l'avait classée au 16e siècle comme l'une des « neuf muses des Pyrénées ». Les géologues s'accordent à dire que cette alternance du régime des eaux provient d'un phénomène naturel de siphon, mais les plus anciens habitants de Bélesta restent dubitatifs devant cette explication rationnelle : pour eux, ce sont les *encantadas* (fées pyrénéennes) qui commandent aux flots ! Pour en avoir le cœur net, il faudrait pouvoir observer lesdites fées, qui apparaissent certaines nuits. Mais prudence, car quiconque voit une *encantada* en tombe amoureux fou et ne s'en remet pas !

La forêt de Bélesta

Grâce à sa forêt de sapins, Bélesta a connu un rapide essor au 16e siècle. Les guerres européennes ayant entraîné un fort développement de la marine, il fallut rapidement trouver le bois nécessaire à la construction des navires, et notamment de hauts sapins pour les mâts. Richelieu puis Colbert se tournèrent vers les montagnes, riches en forêts, et Bélesta, comme bien d'autres régions pyrénéennes, vit arriver de véritables armées de bûcherons.

Les besoins de la marine étant multiples, on exploita également le buis. Cet arbuste, très courant sur le calcaire avoisinant, servait à réaliser les poulies des bateaux. Quand les besoins se firent plus rares, on continua d'exploiter le buis pour fabriquer des peignes et des boutons. Mais ce sont les peignes en corne, plus résistants et plus recherchés, qui donnèrent au village son surnom de Bélesta-les-Peignes.

La forêt de Belesta. *Photo A.B.*

Fontaine intermittente de Fontestorbes. *Photo A.B.*

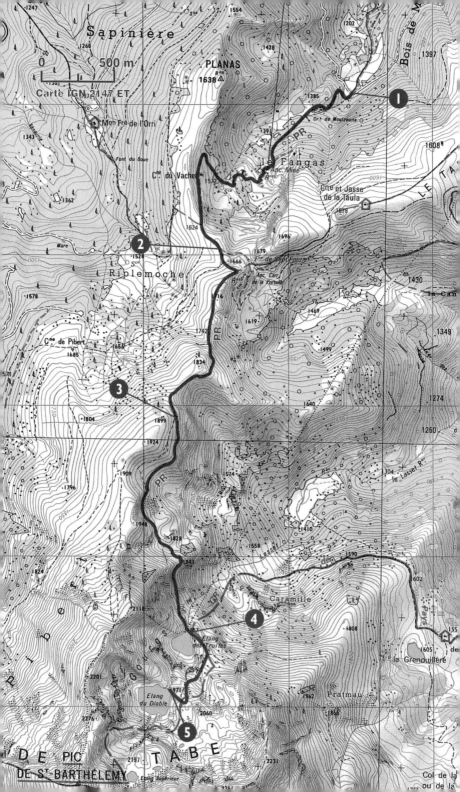

L'étang du Diable

5 h
12 Km

1971m
1290m

Isard.
Dessin M.G.

À quelques encablures du pic du Saint-Barthélemy, une belle échappée sur les crêtes du massif de Tabe qui mène à deux étangs aux noms évocateurs : l'étang des Truites et l'étang du Diable !

Situation vallon du Fangas, à 13 km au Sud-Ouest de Lavelanet par les D 117, D 9, D 909 sur 4,5 km et la piste forestière à gauche sur 3 km

Parking en terrasse des deux côtés de la piste

Balisage jaune

Difficulté particulière

■ circuit à ne pas entreprendre par temps orageux ; pierrier entre ❸ et ❹

❶ Du parking, monter dans la forêt, passer à côté de l'étang de Moulzoune et suivre la piste jusqu'aux ruines de la carrière de talc du Fangas. Sur la dernière terrasse, prendre la piste de droite. Elle sort de la forêt, passe à la cabane du Vacher et continue sur la crête.

❷ Quitter la piste devenue horizontale et monter le long de la crête en direction du pic du Saint-Barthélemy. À la jonction des trois crêtes, monter sur celle de droite (Sud). Contourner le mamelon boisé par la gauche et retrouver la crête. La suivre sur 200 m avant de trouver un carrefour de chemins.

❸ Prendre à gauche le chemin des Lacs et continuer tout droit. Franchir une clôture, suivre le chemin qui descend à flanc de pente, passer sous la barrière rocheuse (à main droite), traverser le pierrier puis entrer à gauche dans le bois. Poursuivre à flanc pour rejoindre l'étang des Truites.

❹ Franchir le déversoir et monter à gauche dans un bosquet. Le sentier mène sur un mamelon qui surplombe l'étang du Diable.

❺ Redescendre par le même itinéraire.

Ne pas oublier

À voir

En chemin

■ anciennes carrières de talc
■ étangs ■ points de vue

Dans la région

■ château de Montségur
■ Lavelanet : musée du Textile ■ château de Roquefixade ■ gorge de la Frau ■ forêt de Bélesta

Crête du Fangas. Vue sur le massif du Saint-Barthélemy. *Photo A.K.*

L'étang du Diable

Le randonneur prudent se contentera de regarder l'étang du Diable, car si celui-ci peut paraître débonnaire, il n'en est rien ! En effet, sur cette terre de légendes qu'est l'Ariège, le Malin se cache partout et les anciens racontent que cet étang n'est rien de moins que la porte de l'enfer. La légende rapporte que le « propriétaire » de l'étang, ne supportant pas d'être dérangé, n'hésiterait pas à déclencher de terribles orages de montagne si des imprudents venaient à y jeter des pierres ! Si cette approche de la météorologie est loin d'être rationnelle, elle fut pourtant celle du meunier de Montferrier qui, pour enrayer une trop longue sécheresse, en vint à jeter dans l'étang un chat vivant ! La pauvre bête fit tant de remous et la colère de Belzébuth fut si grande qu'il plut pendant quarante jours. Les blés furent ainsi sauvés, et la légende confirmée ; en revanche, on est sans nouvelles du chat…

L'étang des Truites. *Photo A.B.*

Les anciennes carrières de talc

Au-dessus du lac de Moulzoune apparaissent d'étranges ruines, dont la présence en un tel lieu surprend. Il s'agit de carrières de talc datant du 19e siècle : au début, la pierre extraite était transportée à dos de mulet jusqu'à Montferrier, où elle était broyée, puis au début du 20e siècle on modernisa la méthode en mettant en service un câble transporteur. Quand le premier filon du col de la Porteille fut épuisé, la zone d'extraction se déplaça vers le secteur du Fangas. L'altitude d'extraction étant de 1 600 mètres, on ne pouvait travailler que six mois par an, mais l'on compta jusqu'à 800 ouvriers sur le site, pour la plupart espagnols. Autrefois utilisé par les droguistes dans la fabrication des couleurs et dans la parfumerie, le talc entre essentiellement aujourd'hui dans la composition des peintures et des matières plastiques (meubles de jardin, tableaux de bord automobiles…). De l'autre côté de la montagne, au-dessus de Luzenac, la plus grande carrière de talc d'Europe est encore en service, mais celle de Moulzoune est fermée depuis 1969.

Les mines du Fangas. *Photo A.B.*

L'étang du Diable. *Photo A.B.*

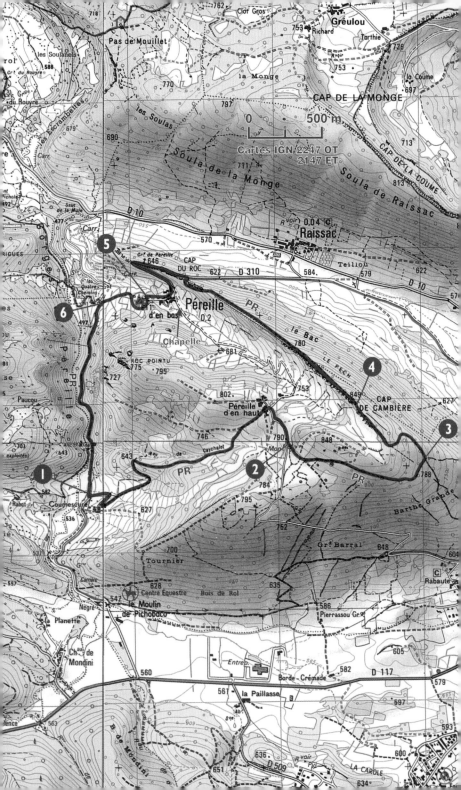

Les gorges de Péreille

 3h15 • 8,5 Km 849m 550m

Laissez-vous charmer par les gorges de Péreille et les collines alentour. La roche calcaire affleure ici partout, et l'on aperçoit parfois le faucon pèlerin ou le percnoptère.

Percnoptère.
Dessin M.G.

Situation gorges de Péreille (hameau de Coumescure), à 5 km à l'Ouest de Lavelanet par la D 117, la route de Pichobaco (centre équestre) à droite

 Parking entrée des gorges, après le hameau de Coumescure

 Balisage jaune

 Difficulté particulière

■ passages de clôtures entre ❶ et ❷

❶ Revenir à la route et la suivre vers la gauche en montant. Après le premier bâtiment du hameau de Coumescure, prendre à gauche la piste agricole qui s'élève dans la forêt. Après 300 m, la piste se transforme en un chemin qui grimpe le long d'un ruisseau puis au travers des prés jusqu'au hameau de Péreille-d'en-Haut. Emprunter la route à droite sur 300 m.

❷ Juste avant le monument aux morts, s'engager sur le chemin de terre qui monte à gauche. Il s'élève de quelques mètres, puis descend en forêt sur 1,25 km avant de déboucher sur un petit carrefour de chemins.

❸ Aller à gauche en franchissant la barrière orange et monter, toujours en forêt, jusqu'au cap de Cambière (849 m), où se trouve une petite cabane de pierres sèches.

❹ Le chemin longe la crête et descend jusqu'à une petite route. La suivre vers la gauche jusqu'au hameau de Péreille-d'en-Bas. Au pied d'une croix en fer forgé, aller à droite puis, dans le village, prendre la première rue à droite.

❺ En contrebas de l'église, poursuivre par le large chemin empierré qui passe au pied d'un rocher d'escalade puis descend vers les gorges de Péreille. Arriver à une intersection.

❻ Emprunter le chemin à gauche. Il se faufile le long des gorges de Péreille et passe devant une ancienne carrière de bauxite. Continuer par le large chemin carrossable qui ramène au point de départ.

Ne pas oublier

À voir

 En chemin

■ falaise ■ gorges de Péreille
■ ancienne carrière de bauxite

 Dans la région

■ château de Roquefixade
■ château de Montségur
■ Lavelanet : musée du Textile
■ dolomie de Caraybat

Le seigneur de Montségur

En 1204, Ramon, seigneur de Péreille, reçut la visite de dignitaires cathares venus lui demander l'autorisation de relever les ruines d'un de ses châteaux, dont l'isolement et l'escarpement étaient des gages de sécurité en ces temps troublés. Il s'agissait de Montségur... Malgré les risques encourus, Ramon accepta.

Église de Péreille. *Photo A.B.*

Cette première communauté cathare à Montségur est mal connue ; peut-être s'agissait-il d'une communauté féminine mise à l'abri par des seigneurs inquiets des bruits de bottes annonçant la croisade. En 1232, un concile cathare secret se tint à Mirepoix où il fut décidé que Montségur sera « le siège et la tête » de l'Église cathare. Quarante ans plus tard, quand Montségur fut assiégé, le vieux Ramon de Péreille en prit courageusement la défense, tenant la place pendant plus de dix mois face à une armée vingt fois supérieure en nombre ! Mais, quand il le fallut se rendre, il vit sa femme et l'une de ses filles périr sur le bûcher au milieu de 230 autres victimes. Brisé, épuisé, il vint probablement finir ses jours dans son petit nid d'aigle, autrefois dressé au-dessus de Péreille-d'en-Bas mais aujourd'hui dévoré par la végétation.

Les gorges de Péreille

Après des millénaires de patience et de persévérance, le Douctouyre a fini par se frayer un passage dans les collines prépyrénéennes du Plantaurel, y dessinant de profondes gorges. La verticalité étant de mise, on y pratique avec bonheur l'escalade. Cette activité sportive est cependant sévèrement réglementée, car les gorges abritent les nichées de nombreux rapaces (vautours percnoptères, faucons pèlerins...). Les coteaux environnants accueillent, eux, des aigles bottés, des circaètes jean-le-blanc, des autours et des éperviers, sans oublier bien sûr des oiseaux plus petits mais tout aussi intéressants, comme les choucas, les hirondelles de rochers et autres martinets... Tous se sont adaptés sans trop d'encombre à la présence humaine, et notamment à l'exploitation de la bauxite, dont on voit encore des traces en amont des gorges. Cette bauxite, exploitée dès 1914, a longtemps été utilisée par certaines industries de la haute Ariège.

Les gorges de Péreille. *Photo A.B.*

L'église de Péreille. *Photo A.B.*

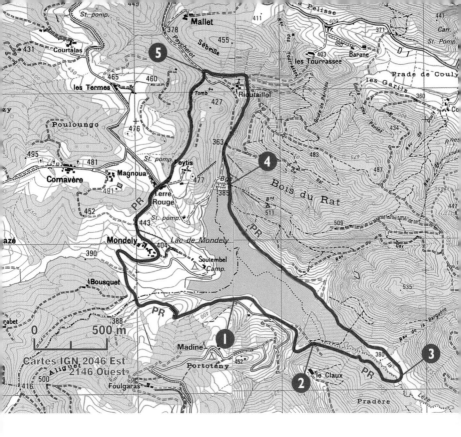

Le lac aux oiseaux

Le lac de Mondely. *Photo A.B.*

Mis en eau en 1980 et destiné uniquement à l'irrigation, le lac de Mondely n'en fait pas moins le bonheur des oiseaux. Trouvant dans les 57 hectares d'eau et la végétation alentour un biotope idéal, canards colverts, sarcelles d'hiver, cormorans, guignettes, cul-blancs et hérons cendrés y séjournent durant de longs mois. D'autres, plus sédentaires, y vivent à longueur d'année. C'est le cas des passereaux, des buses, des milans royaux et des milans noirs. Redoutables chasseurs, ces derniers ont de quoi se rassasier dans les 4 millions de mètres cubes d'eau du lac. Si le niveau de l'eau est bas et que la vase se montre, ne rebroussez pas chemin, au contraire : les oiseaux y sont encore plus nombreux car les prises sont plus faciles.

Le lac de Mondely

2h30
7,5 Km

450m
380m

Situé entre le massif de l'Arize et la chaîne du Plantaurel, le lac artificiel de Mondely a été créé en 1980 pour l'irrigation. C'est un lieu privilégié pour l'observation de la faune et de la flore, surtout en automne.

Situation lac de Mondely, à 5 km au Nord de la Bastide-de-Sérou par la D 501

❶ En tournant le dos à la buvette, partir à droite sur le chemin de terre qui longe le lac en contrebas de la piste d'exploitation forestière. Après une petite anse et un ruisseau, arriver à une aire d'observation ornithologique.

 Parking buvette

▶ Si le chemin est inondé, utiliser la piste d'exploitation.

 Balisage jaune

❷ Continuer dans la même direction et déboucher sur une vaste prairie au bout du lac.

 Difficulté particulière

■ chemin parfois boueux

❸ Longer alors l'autre rive en contournant au passage une aire protégée de nidification. Aller jusqu'au barrage.

❹ Suivre la piste carrossable qui mène à l'ancien moulin de Rioutaillol. Le dépasser, et continuer à gauche le long du ruisseau de Peycherot sur 200 m.

❺ Monter à gauche à la ferme de Terre-Rouge. Suivre la route à gauche. Elle passe à la ferme de Mondely, puis ramène au point de départ.

Ne pas oublier

Martin-pêcheur. *Dessin M.G.*

 À voir

 En chemin

■ nombreux oiseaux (hérons cendrés...)

 Dans la région

■ La Bastide-de-Sérou : centre national du cheval de Mérens, golf départemental ■ Alzen : écomusée ■ Le Mas-d'Azil : grotte et musée

La guerre des « demoiselles »

Demoiselles. *Dessin M.G.*

Les années 1830 furent marquées par les agissements de curieux personnages. Leur costume, constitué d'une chemise et d'un fichu, leur valut le surnom de « demoiselles », mais leurs violents coups de poing – qui n'avaient rien de féminin – confirmaient qu'il s'agissait bien de gaillards du pays ! Ces demoiselles à moustaches luttèrent pendant trente ans contre le code forestier. Ce dernier limitait considérablement les droits de ramassage du bois (l'affouage) au profit des forges, cette industrie naissante ayant besoin de beaucoup de combustible…On envoya 12 000 militaires pour calmer ces étranges combattants, mais ils ne furent d'aucune efficacité dans cette *guerrilla* montagnarde.

Le Cap-du-Carmil

Depuis le col d'Uscla, gagnez l'un des plus beaux belvédères du pays de Foix. Le sommet du Cap-du-Carmil offre en effet un panorama unique sur la plaine, les coteaux et la chaîne pyrénéenne.

① Au col d'Uscla, prendre le sentier herbeux qui monte sur la crête et rejoint une piste.

② La suivre à gauche. En restant sous la crête, continuer plein Sud. Laisser le sommet de Cap-Long à gauche et arriver à une bifurcation, tout près de la crête.

③ Laisser le chemin à droite et poursuivre au Sud jusqu'au sommet du Cap-du-Carmil (1 617 m ; *le panorama s'étend de la plaine de Toulouse à la chaîne pyrénéenne*).

④ Longer la clôture vers la droite en descendant sur la crête jusqu'à la lisière de la forêt.

⑤ Continuer à descendre le long de la crête boisée pour atteindre le col de Péguère (1 375 m ; *table d'orientation ; la vue porte par beau temps du pic Carlit au pic du Midi de Bigorre en passant par le pic des Trois-Seigneurs, la pique Rouge de Bassiès, le Montcalm, le pic de Certescans, le mont Rouch et le mont Valier*).

▶ En continuant vers l'Ouest sur 100 m, possibilité de voir la tour Lafont (*ancienne tour de guet*).

⑥ Revenir par le même chemin vers le Cap-du-Carmil sur 800 m.

⑤ Prendre à gauche le chemin qui part à flanc dans la forêt et retrouver la bifurcation de l'aller, à proximité de la crête.

③ Rejoindre le col d'Uscla par l'itinéraire pris à l'aller.

Cap-du-Carmil. *Photo A.B.*

Situation

Situation col d'Uscla, à 25 km à l'Ouest de Foix par les D 17 et D 111

 Parking bord de route (attention à ne pas gêner le passage)

Balisage

① à ④ jaune-rouge
④ à ⑥ jaune
⑤ à ③ non balisé

 Difficulté particulière

■ circuit à ne pas entreprendre par temps de brouillard ou d'orage

Ne pas oublier

À voir

 En chemin

■ points de vue sur la chaîne ariégeoise ■ col de Péguère : table d'orientation, tour Lafont (ancienne tour de guet)

 Dans la région

■ col des Marrous : point de vue ■ forêts de la Barguillère ■ La Bastide-de-Sérou : Centre national du cheval de Mérens, golf départemental

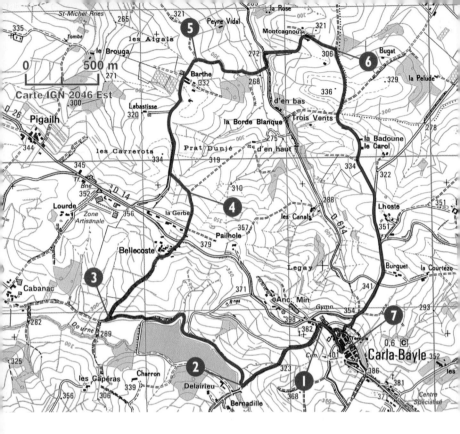

La bastide du philosophe

La place de Carla-Bayle. *Photo A.B.*

Le village de Carla eut un enfant illustre : Pierre Bayle, né en novembre 1647. Après de brillantes études, ce fils d'un pasteur protestant dut s'exiler à Rotterdam en 1668 alors que son frère était jeté en prison. Depuis sa retraite hollandaise, il rédigea une œuvre colossale, le *Dictionnaire historique et critique* (1697), ouvrage de référence pour les générations suivantes en matière de philosophie. Cet Ariégeois torturé par la nostalgie de sa terre natale mourut à Rotterdam sans avoir revu son village et la chaîne des Pyrénées… C'est pour rendre hommage à ce philosophe précurseur des Lumières que le village s'appelle Carla-Bayle.

La Bellecoste

2h30
7,5 Km

382m
268m

Des berges du lac aux chemins de campagne, découvrez les alentours de Carla-Bayle, village natal du philosophe Pierre Bayle. Les vues sur la chaîne pyrénéenne sont ici tout à fait somptueuses.

Situation Carla-Bayle, à 35 km au Nord-Ouest de Foix par les N 20, D 919 et D 14

Parking salle des fêtes

Balisage jaune

Milan royal. *Dessin M.G.*

❶ Prendre la route qui descend en direction du lac (*en se retournant, vue sur le rempart Sud du bourg*).

❷ Au lac, quitter la route pour suivre à droite le chemin sur la berge (*baignade aménagée*), jusqu'à la digue. Ne pas la traverser et continuer tout droit sur 200 m.

❸ Emprunter à droite le chemin qui monte vers Bellecoste. Contourner le hameau par la droite. Traverser la D 14 et prendre en face le chemin en direction de Barthe (panneau ; *vue sur les Pyrénées par temps clair*).

Ne pas oublier

❹ Laisser le chemin qui descend sur la droite et poursuivre à gauche vers la petite route. La suivre à droite jusqu'à Barthe. Contourner le hameau par la gauche.

❺ Bifurquer à droite sur le sentier qui descend le long d'un champ et passe deux clôtures. Franchir le ruisseau, prendre la D 614 à gauche, puis la route à droite vers Montcagnou. Dans le hameau, se diriger à droite et atteindre une intersection.

❻ Prendre le chemin qui monte à droite. Au carrefour (chêne), aller à droite, puis suivre à gauche le chemin goudronné de la Badoune. Emprunter la D 14 à droite vers Carla (*vue sur le rempart Nord du village*).

❼ Au pied du bourg, prendre à gauche le chemin goudronné qui monte vers le rempart Nord, puis grimper par les escaliers pour atteindre la place de l'Église. Se diriger à gauche vers le rempart Sud et gagner la table d'orientation, face à la chaîne des Pyrénées.
Revenir vers la place de l'Église et rejoindre le parking.

À voir

En chemin

■ Carla-Bayle : remparts, table d'orientation, musée Pierre-Bayle ■ lac (baignade) ■ points de vue

Dans la région

■ Le Mas-d'Azil : grotte et musée

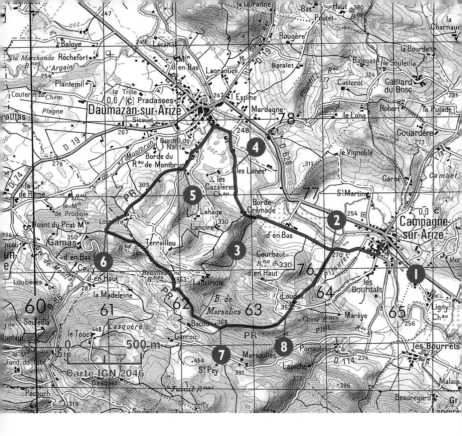

L'église de Daumazan

L'église de Daumazan. *Photo A.B.*

Le clocher de Daumazan attire tous les regards. Cependant la base de l'église est bien plus ancienne puisqu'elle date du 12e siècle, comme l'attestent les sculptures des absidioles et le chevet tripartite. Un élément ornemental retient particulièrement l'attention : dans le mur extérieur de l'absidiole Sud, un bas-relief représente le martyr de saint Saturnin. Le saint, à genoux, une corde autour du cou, est traîné par un taureau. Cette sculpture grossière – qui en émeut plus d'un – pourrait précéder de plusieurs siècles la construction de l'église romane, et attester de la présence d'une communauté chrétienne antérieure à Daumazan. Enfin à l'intérieur se trouve une plaque gravée commémorant la prise de Jérusalem par les croisés en 1099.

Le chemin de Marsoulies

De la bastide de Campagne-sur-Arize à l'église romane de Daumazan, cette belle et agréable boucle emprunte à l'aller la large vallée de l'Arize et au retour les coteaux boisés.

① Passer devant la fabrique de meubles et prendre à droite le chemin goudronné du Pijoulet.

② Laisser le chemin du retour à gauche et continuer tout droit par la route, puis par la piste carrossable. Passer un corps de ferme, atteindre la lisière du bois, franchir le petit pont et monter tout droit par le petit chemin.

③ En haut de la croupe, descendre vers la ferme à droite et la traverser. Poursuivre par la piste jusqu'à la route. La prendre à droite et descendre jusqu'à un autre carrefour. Tourner à gauche vers Daumazan et son clocher, et arriver à l'entrée du village.

▶ Possibilité d'aller voir l'église romane et le vieux village en continuant tout droit.

④ Prendre la route à gauche vers Lasserre sur 300 m et arriver à une bifurcation marquée par une croix en fer forgée.

⑤ S'engager sur le chemin à droite. Il monte en sous-bois puis à travers champs jusqu'à la ferme de Lasserre. La laisser à gauche et poursuivre en direction de Bacou. Le chemin s'élève jusqu'à la crête.

⑥ La suivre à gauche en passant au-dessus de Lasserre. L'itinéraire est alors évident, et passe entre crêtes et bois. Il mène à un carrefour de chemins en lisière d'une forêt de pins.

⑦ Laisser à droite le chemin de Bacou et descendre à gauche vers Campagne-sur-Arize. Continuer par la piste et déboucher sur une route.

⑧ La traverser et prendre en face le large chemin qui descend en forêt puis qui se faufile au milieu des champs, avant de retrouver le chemin goudronné du Pijoulet.

② Le prendre à droite et rejoindre le point de départ.

Situation Campagne-sur-Arize, à 32 km au Nord-Ouest de Foix par les N 20, D 919, D 31, D 119 et D 628

Parking mairie

Balisage

jaune

Ne pas oublier

À voir

En chemin

■ Campagne-sur-Arize : bastide ■ Daumazan : église romane ■ points de vue sur les coteaux ■ chênaies et châtaigneraies

Dans la région

■ Le Mas-d'Azil : grotte et musée ■ Carla-Bayle : village fortifié, table d'orientation, musée Pierre-Bayle, baignade

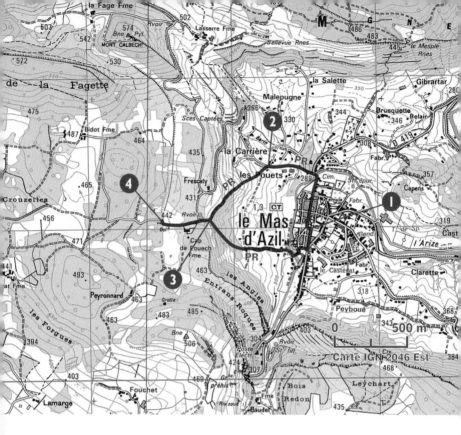

Un haut lieu de la préhistoire

La formidable grotte du Mas-d'Azil, traversée sur plus de 400 mètres par la rivière et par la route départementale, est un haut lieu de la préhistoire. Les fouilles menées dans les galeries et sous le porche ont fait apparaître une occupation humaine extrêmement longue, allant du paléolithique supérieur au néolithique.

Les couches paléolithiques ont livré de nombreux objets parmi lesquels un propulseur, appelé « le faon aux oiseaux », véritable chef-d'œuvre de l'art magdalénien. Outil de chasse, le propulseur guide la trajectoire et multiplie la vitesse du jet d'une sagaie. Pour la petite histoire, sachez que les habitants du Mas-d'Azil s'adonnent encore au lancer de sagaies à l'aide d'un propulseur. Passés maîtres dans ce sport d'adresse, ils organisent des compétitions très disputées et même un championnat du monde.

Les couches archéologiques plus récentes ont révélé, entre autres, d'étranges galets peints à l'usage encore mystérieux. Le site est depuis devenu l'éponyme de cette période préhistorique : l'azilien.

Le « faon aux oiseaux ». *Photo CDT09.*

Le dolmen du Mas-d'Azil

1 h 45
3 Km

442m
280m

Hirondelle.
Dessin M.G.

Gagnez les hauteurs du Mas-d'Azil et l'étonnant dolmen du Cap del Pouech, d'où vous bénéficierez d'une très belle vue sur le village avec, en toile de fond, la chaîne des Pyrénées.

Situation Le Mas-d'Azil, à 33 km au Nord-Ouest de Foix par les N 20, D 919, D 31 et D 119

 Parking place du Champ-de-Mars

 Balisage
jaune

❶ Suivre la Grand-Rue (*maisons de caractère*) et aller jusqu'à la place du Fond-de-la-Ville. Franchir le pont Louis-XIII et prendre la petite route à gauche en direction du dolmen.

❷ À la croix, quitter la route et prendre le sentier qui s'élève à gauche (*murets de pierres sèches*) vers le dolmen (panneau). Laisser le chemin des Angles à gauche et monter jusqu'à une intersection.

❸ Laisser sur la gauche le sentier du retour, qui descend au Mas-d'Azil, et continuer l'ascension (*fontaine sur la droite*). Déboucher sur la route. La prendre à gauche. Elle longe la propriété du Cap-del-Pouech et conduit au dolmen du même nom.

Ne pas oublier

❹ Revenir sur ses pas, entamer la descente et retrouver l'intersection de l'aller.

❺ Descendre à droite vers Le Mas-d'Azil. Laisser le chemin des Angles à gauche et continuer tout droit vers la rivière et le bourg. Franchir l'Arize et arriver sur la place du Bout-de-la-Ville. Tourner à gauche pour rejoindre la place du Champ-de-Mars.

Le dolmen du Cap del Pouech.
Photo A.B.

À voir

 **En chemin**

■ fontaine ■ dolmen du Cap del Pouech ■ vue sur le village ■ Le Mas-d'Azil : musée de la Préhistoire ■ murets de pierres sèches

Dans la région

■ Le Mas-d'Azil : grotte ■ Carla-Bayle : village fortifié, table d'orientation, musée Pierre-Bayle, baignade

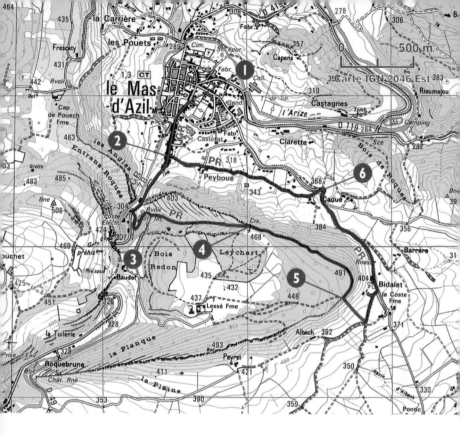

Bataille pour une grotte

En 1625, le maréchal de Thémines, envoyé par Richelieu pour combattre les protestants du Midi, vint mettre le siège autour du Mas-d'Azil, bastion de la Réforme dans la région. Plusieurs assauts furent tentés, tant sur les remparts que par la grotte, mais sans succès malgré l'évidente disproportion des forces. Après cinq semaines de siège, Thémines leva le camp… Il perdit par la suite son commandement. Pour Richelieu, ce ne fut que partie remise : quelques années plus tard, il fit détruire les remparts de la ville et sauter une partie de la grotte. Aujourd'hui, rien ne vient troubler la sérénité de ce petit village, et la grotte ne résonne plus, depuis fort longtemps, du bruit des mousquets et des canons…

Entrée Sud de la grotte du Mas-d'Azil. *Photo A.B.*

La croix et le lac de Filleit

2h30
6 Km

491m
280m

Situation Le Mas-d'Azil, à 33 km au Nord-Ouest de Foix par les N 20, D 919, D 31 et D 119

Parking place du Champ-de-Mars

Balisage

- ❶ à ❸ blanc-rouge
- ❸ à ❷ jaune
- ❷ à ❶ blanc-rouge

Ne pas oublier

Après s'être approché de la gueule noire de la grotte du Mas-d'Azil, d'où jaillissent route et rivière, l'itinéraire prend un peu de hauteur pour rejoindre, par les coteaux les abords du lac de Filleit.

❶ Suivre la D 119 vers le Sud en direction de la grotte.

❷ Laisser la route du retour à gauche et continuer jusqu'à l'atelier du souffleur de verre. Prendre la petite route à gauche (*point de vue sur l'entrée Nord de la grotte et sur la cascade*).

❸ S'engager à gauche sur le sentier qui monte en direction de la croix (*panneau*), franchir la clôture et atteindre un rocher surmonté d'une grande croix de bois (*470 m ; point de vue sur Le Mas-d'Azil*).

Rose alpine.
Dessin M.G.

❹ Continuer sur la bordure du plateau et arriver à un rocher (*490 m ; point de vue sur le lac de Filleit*).

❺ Entamer à gauche la descente raide (marches et rampe), franchir deux clôtures équipées et, après la seconde, prendre le chemin à gauche. Emprunter la petite route à gauche vers Le Mas-d'Azil.

❻ Quitter la route pour prendre le sentier à gauche, laisser à droite le chemin qui monte à la ferme de Caoué et continuer. Négliger les chemins d'accès à deux autres maisons situées à gauche, et déboucher sur la D 119.

❷ La suivre à droite et rejoindre la place du Champ-de-Mars.

 À voir

 En chemin

- ■ atelier du souffleur de verre
- ■ vue sur la grotte ■ vue sur le lac de Filleit

Dans la région

- ■ Le Mas-d'Azil : grotte et musée, dolmens ■ Carla-Bayle : village fortifié, table d'orientation, musée Pierre-Bayle, baignade

Le Tuc de Montcalivert

4 h
9 Km

677m
409m

De ruelles en sentiers, cet itinéraire vous entraîne de Saint-Lizier au Montcalivert, belvédère offrant une vue magnifique sur l'ensemble des vallées couserannaises et sur les splendides sommets dominés par le mont Valier.

Situation Saint-Lizier, à 3 km au Nord de Saint-Girons par la D 117

Parking place du village

Balisage

① à **⑥** jaune
⑥ à **①** blanc-rouge

❶ Monter au palais des Évêques. Au parking, suivre tout droit le chemin de terre qui contourne les remparts par l'extérieur.

❷ Environ 50 m après les remparts, bifurquer à droite sur un chemin qui monte vers la croix de Pouterol. Continuer en face par une descente herbeuse en escalier. Prendre la route à droite, vers le cimetière. Au carrefour, emprunter le chemin de terre en face et poursuivre en laissant tous les chemins à droite et à gauche.

Ne pas oublier

Orchidée.
Dessin M.G.

❸ Franchir une barrière aménagée pour traverser le pré, retrouver le chemin devant une ancienne bergerie et quitter la propriété (*bien refermer la clôture*). Emprunter à gauche le chemin en pente. Il devient une route au niveau d'une ferme, et atteint un croisement.

❹ Partir à droite vers Maubresc, visible en contrebas. Bifurquer sur la première route à gauche, puis obliquer à droite. La route devient un chemin. Aller à gauche et passer Trignan. Au pied d'une forte pente, s'élever vers la droite, entrer dans un bois, puis monter à gauche le long de la crête boisée avant d'atteindre la croix du Montcalivert.

❺ Descendre vers l'Est par le chemin en sous-bois et gagner Bergerat. Prendre la route, puis tourner à droite et couper la D 18. Continuer sur le chemin en face (*ancienne voie romaine*) et arriver à une intersection.

❻ Partir à droite sur un sentier bordé de noisetiers. Couper la D 18, franchir un ruisseau, puis tourner à droite. Se diriger à gauche et gagner Montjoie (*bastide fondée en 1256 ; son nom rappelle les exclamations de joie des pèlerins*). Traverser le village et emprunter la route qui ramène à Saint-Lizier.

À voir

En chemin

■ Saint-Lizier : ancienne capitale du Couserans (un des plus beaux villages de France), cathédrale du 11e siècle, cloître du 12e, ancien palais épiscopal, ancienne pharmacie du 18e dans l'ancien hôtel-Dieu (maintenant aménagé en halte Saint-Jacques pour l'accueil des pèlerins) ■ panorama exceptionnel sur les Pyrénées ■ Montjoie : bastide et église fortifiée du 14e siècle

Dans la région

■ vallée du Biros et étang de Bethmale ■ hautes vallées du Couserans (villages typiques)

Sur le chemin de Compostelle

Siège d'un évêché, centre religieux important dès le haut Moyen Âge, Saint-Lizier fut très tôt une halte incontournable sur le « chemin du piémont » menant à Saint-Jacques-de-Compostelle. Cet itinéraire, au Sud du Chemin d'Arles, permettait aux pèlerins d'aller de Carcassonne à Saint-Bertrand-de-Comminges par une voie plus directe. Pour accueillir et aider ces pèlerins, les évêques du Couserans avaient fait construire un hôtel-Dieu. Même la petite bastide de Montjoie commémore leur passage puisque son nom fait allusion à leurs exclamations de joie quand ils arrivaient en vue de leur étape. Ce passé jacquaire, qui a fortement marqué la cité, est redevenu d'actualité avec l'ouverture du GR® 78 (le Chemin du piémont pyrénéen), lequel emprunte le même itinéraire que celui des pèlerins du Moyen Âge. La halte jacquaire a ainsi retrouvé son rôle d'origine, et un accueil personnalisé est aujourd'hui réservé aux randonneurs pèlerins.

La cité de Saint-Lizier

La vieille ville de Saint-Lizier, coiffée d'une couronne de murailles gallo-romaines, est la mieux conservée des cités antiques pyrénéennes. Cependant, c'est un peu en contrebas que se concentrent les éléments les plus intéressants du patrimoine médiéval, et notamment une église du 11e siècle. Même si elle n'a probablement jamais porté le titre de cathédrale – le siège de l'évêché se trouvant à Notre-Dame-de-la-Sède dans l'enceinte gallo-romaine –, cette église achevée en 1117 mérite le détour. Son chœur recèle des fresques romanes représentant les mages, la vie de la Vierge et les apôtres. Au Sud s'ouvre un superbe cloître roman à étage, dont les galeries sont décorées de chapiteaux souvent historiés. Cette visite terminée, promenez-vous dans l'enchevêtrement des ruelles médiévales : une pharmacie datant du 18e siècle y est toujours en activité.

Saint-Lizier. *Photo A.B.*

Cloître roman de la cathédrale de Saint-Lizier. *Photo A.B.*

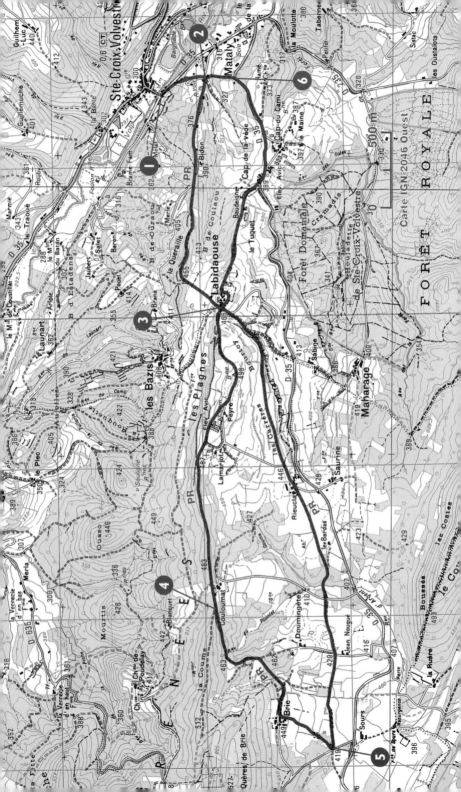

Carte IGN 2046 Ouest

Le sentier de Peyre

Sapin. *Dessin M.G.*

Balade toute en crête, de hameau en hameau, sur les hauteurs du Volvestre, d'où l'on bénéficie de très beaux points de vue tant sur les forêts avoisinantes que sur les Pyrénées.

3 h 30
11 Km
498m
300m

Situation Sainte-Croix-Volvestre, à 25 km au Nord de Saint-Girons par les D 117 et D 627

 Parking place du village

 Balisage jaune

Ne pas oublier

❶ Prendre la D 35 vers Fabas. Juste avant le gîte de France, prendre à droite l'escalier de terre qui débouche sur une petite route et gagner le carrefour à gauche.

❷ Suivre la route à droite. Elle devient un chemin de terre, qui monte régulièrement jusqu'à Labidaouse.

❸ Dans le hameau, tourner à droite et monter au sommet de la colline de Peyre. Continuer vers l'Ouest et atteindre le hameau du même nom. Le contourner par la droite et parcourir la crête boisée jusqu'à Couloumat.

❹ Juste après le hameau, bifurquer à gauche pour aller à flanc de pente jusqu'à Brie. Dans le hameau, tourner à gauche et descendre en pente douce jusqu'à la route, près d'une croix.

❺ Prendre à gauche le chemin qui file plein Est jusqu'au hameau de Rieuclas. Poursuivre par la route sur 100 m, puis la quitter dans le virage pour continuer tout droit par le chemin qui ramène à Labidaouse.

❸ Prendre la route à travers le hameau. Elle se transforme en chemin et gagne la maison de Baudeigne. Descendre à la D 35. La suivre à gauche sur 700 m.

❻ Dans un virage à droite, s'engager sur le petit chemin qui descend à gauche, passe un ruisseau et retrouve le carrefour de l'aller.

❷ Par l'itinéraire de l'aller, revenir à la place du village.

 À voir

 En chemin

■ « estivades » de Peyre ■ panoramas ■ Sainte-Croix : musée des Arts et Traditions du Volvestre

Dans la région

■ Montardit : chapelle Notre-Dame-de-la-Goutte et village
■ parc animalier de Fabas
■ forêt royale

Rosina de Pèira, la voix d'Occitanie

Sur les hauteurs de Peyre, le regard embrasse un paysage somptueux, résumant à lui seul – des sommets aux coteaux et des plaines aux forêts – les spécificités de la terre occitane. « Difficile de ne pas avoir envie de chanter »,

Rosina de Pèira. *Photo A.B.*

vous dirait certainement Rosina de Pèira si vous la croisiez là-haut. Cette enfant du pays a choisi de mettre sa voix et son talent au service de sa langue natale. Elle interprète depuis plus de trente ans les complaintes traditionnelles, les textes des anciens troubadours, les magnifiques poèmes de Louise Paulin, mais également ses propres créations, et elle a reçu à deux reprises pour ces mélopées occitanes le grand prix international du disque de l'académie Charles Cros. Aujourd'hui sa maison de Peyre, dans la pure tradition d'hospitalité montagnarde, propose des chambres et des tables d'hôtes. Il se dit « qu'à l'arrivée on se serre la main, mais qu'au départ on se fait la bise… ». Cela n'a rien d'étonnant si, comme on le dit également, Rosina accompagne ses sourires de quelques couplets en langue d'oc dans la douceur du soir…

Une forêt en témoignage

Du haut de la colline de Peyre, on a un joli point de vue sur une forêt de sapins. Or il est rare, dans ces régions méridionales, que ces résineux poussent à d'aussi modestes altitudes… Certains spécialistes pensent qu'il pourrait s'agir d'une forêt « fossile » issue des périodes glaciaires. Quoi qu'il en soit, cette forêt royale fut très soigneusement entretenue car elle fournis-

Forêt royale de Sainte-Croix-Volvestre. *Photo G.S.*

sait des troncs remarquables pour la mâture à la grande époque de la marine à voile. À ce sujet, Louis de Froidour, enquêteur des Eaux et Forêts nommé par Colbert pour dresser un état exact des forêts du royaume en vue de les exploiter, fit halte en 1667 à Sainte-Croix-Volvestre, et s'extasia de la qualité de cette forêt et de ce qu'elle pouvait apporter au roi.

Les coteaux de Sainte-Croix. *Photo A.B.*

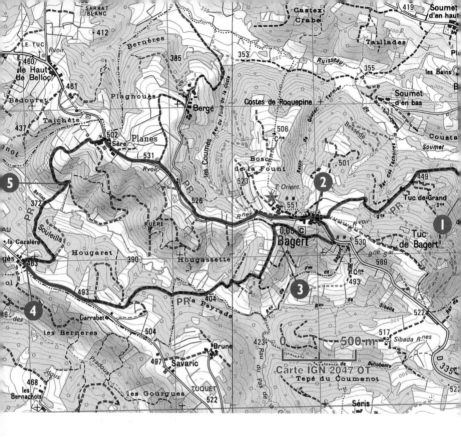

Les maîtres verriers

Pièces présentées au musée des Arts et Traditions du Volvestre. *Photo A.B.*

Au 16e siècle, dans la région du Mas-d'Azil et du Volvestre, des gentils-hommes exerçant l'art du verre soufflé se convertirent au protestantisme. Les persécutions endurées par les réformés et les nécessités de cet artisanat favorisè-rent l'implantation de petites verreries dans les forêts, souvent à l'écart des grands axes et des cités. Si la révocation de l'édit de Nantes ne réussit pas à chas-ser ces « gentilshommes des bois », le développement du verre moulé signa l'ar-rêt de cette tradition issue des croisades. Quelques ruines d'anciennes verreries subsistent encore ici et là, notamment à Belloc (village visible de la crête) où se trouvait la verrerie de la Barthe, mais les derniers maîtres verriers ont depuis long-temps poussé leur dernier souffle.

Le sentier de Bagert

3 h
8,5 Km

551m
372m

Douceur du paysage et forêts caractérisent cette petite balade familiale sur les coteaux de Bagert parsemés de jolis hameaux.

1 Continuer par le chemin qui longe le ruisseau. Environ 100 m après, à la bifurcation, aller à droite et monter à travers la forêt et dans les prés au village de Bagert.

2 Prendre la route à gauche sur 300 m, puis le premier chemin à droite. Rester sur la droite pour passer sous le village.

3 Au croisement de chemins, descendre vers le Sud à gauche. Franchir le ruisseau sur le pont et remonter en forêt jusqu'à une petite route. La prendre à droite jusqu'au hameau de Bergès.

4 Devant la première grange, descendre à droite en forêt jusqu'au ruisseau (*lavoir*), puis remonter jusqu'à un carrefour.

5 Tourner à gauche et monter jusqu'au hameau de Sère. Prendre la route à droite. Elle ramène à Bagert. Traverser le village (*aire de pique-nique près de l'église*).

▶ Avant le village, possibilité de rejoindre à gauche la table d'orientation (*vue panoramique sur la chaîne des Pyrénées par beau temps*).

2 Par le chemin emprunté à l'aller, rejoindre le parking.

Cincle plongeur. *Dessin M.G.*

Situation Bédeille, à 15 km au Nord de Saint-Girons par les D 117, D 3 et D 803

 Parking bord du ruisseau, à 600 m au Sud du village par la route de Soumet-d'en-Bas et, au carrefour en bas de la route, la voie sans issue à gauche

 Balisage jaune

Ne pas oublier

À voir

 En chemin

■ points de vue sur la chaîne des Pyrénées ■ Bagert : table d'orientation

 Dans la région

■ Bédeille : église de Bédeille
■ Tourtouse : motte féodale
■ Barjac : héliciculture et petit musée de l'Escargot ■ forêt royale

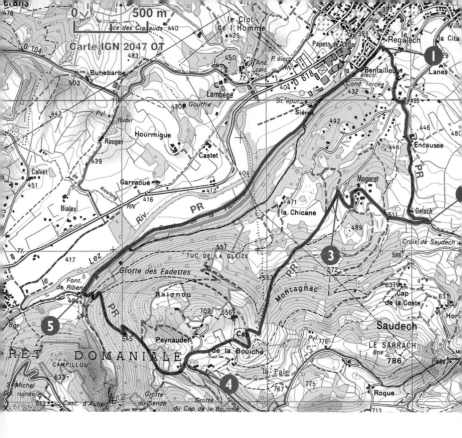

Les papeteries du Couserans

L'humidification du bois. *Photo A.B.*

Richement pourvue en bois et en énergie hydroélectrique, la région du Couserans fut au début du 20e siècle un des pôles français de la papeterie.

Les billots de bois étaient acheminés par câbles depuis les montagnes, et parfois même depuis l'Espagne. Installées dans les vallées, les usines de Lédar, de Lorp, de Pourlande ou de la Moulasse les transformaient ensuite en pâte à papier. Aujourd'hui, seules deux grandes papeteries sont encore en activité : celle de la Moulasse, qui fabrique du papier à cigarette, et celle de Lédar, plutôt spécialisée dans le papier d'emballage et dans le papier journal, et qui fournit entre autres de grands quotidiens régionaux.

Le chemin des papetiers

3 h 30 • **7,5 Km**

645m
398m

Situation Saint-Girons, à 44 km à l'Ouest de Foix par la D 117

 Parking rue F.-Loubet (jusqu'au niveau des HLM)

Balisage jaune

Cette petite escapade en boucle autour de Saint-Girons offre de beaux points de vue sur la région. Le chemin du retour, par les papeteries de Lédar, traverse les buis et les chênes.

❶ Près du n° 99 de la rue Loubet, monter par le chemin à gauche, puis prendre la petite route à gauche. Au carrefour, se diriger à droite vers Encausse. Passer la chambre d'hôtes, monter jusqu'à la ferme de Gelach et continuer tout droit jusqu'à la route goudronnée.

Ancolie.
Dessin M.G.

Ne pas oublier

❷ Emprunter la route à droite, passer le premier hameau du Margerat et continuer sur 150 m.

❸ Prendre à gauche le chemin en sous-bois. Il descend à un pré puis monte jusqu'à la crête. Poursuivre par la piste empierrée, puis emprunter la petite route à gauche sur 100 m qui conduit au cap de la Bouiche.

❹ S'engager à droite sur le chemin qui descend au milieu des buis et des chênes (*mât d'information et balises directionnelles*). Franchir le canal artificiel et rejoindre une grange.

❺ Prendre la piste à droite, longer le canal au plus près sur 1,8 km, puis l'abandonner pour descendre vers les papeteries. Emprunter la route à droite pour revenir au point de départ.

À voir

En chemin

■ point de vue sur Saint-Girons et son bassin de confluence ■ vues sur Saint-Lizier et la chaîne pyrénéenne ■ intérêt faunistique et floristique ■ papeteries ■ Saint-Girons : église Saint-Valier (clocher fortifié, porte romane), commerce du papier

Dans la région

■ Saint-Lizier : cathédrale, cloître, pharmacie du 18ᵉ siècle et musée du Palais des Evêques

Le broyage du bois. *Photo A.B.*

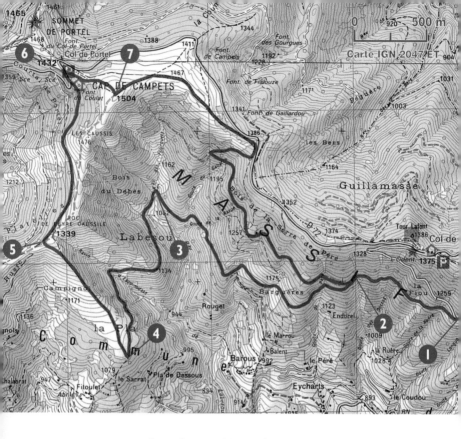

La frontière invisible

Le voyageur de passage ne le percevra peut-être pas tout de suite, mais il se trouve à la frontière entre le Languedoc et la Gascogne. D'un côté

Vue depuis le roc de Peyre. *Photo A.B.*

et de l'autre du col de Port et du *port* de l'Hers, toute oreille – même la moins exercée – notera ainsi que, en dialecte occitan, le *f* languedocien (à l'Est du col) se prononce h en gascon (à l'Ouest du col). D'autres détails témoignent des différences culturelles entre les deux versants, notamment dans l'architecture, la disposition de l'habitat et même, paraît-il, la météo ! Mais, dans ce domaine, il est prudent de ne pas prendre parti car l'adage – valable de part et d'autre du col de Port – affirme que du col « il ne vient que du mauvais temps et des mauvaises gens »…

Le roc de Peyre-Caussile

4 h
11 Km

1504m
1090m

Cette large boucle sur le versant Sud des montagnes du massatois passe au Cap des Campets, belvédère offrant une vue exceptionnelle sur les Pyrénées ariégeoises.

Châtaigner. *Dessin M.G.*

Situation massif de l'Arize, à 30 km au Sud-Est de Saint-Girons par la D 618 et la D 17 (direction tour Lafont) sur 2 km

 Parking début de la piste forestière à gauche (panneau de bois ; ne pas gêner le passage)

 Balisage

① à **②** non balisé

② à **②** jaune

 Difficulté particulière

■ circuit à ne pas entreprendre par temps de brouillard ou d'orage

❶ Suivre la piste forestière sur 1 km et arriver à un carrefour.

❷ Prendre la piste qui descend à gauche et à flanc de pente jusqu'à son terme.

❸ Poursuivre par le petit chemin en sous-bois. Il descend, franchit un ruisseau, puis continue à flanc de montagne à travers la forêt. Un peu après la lisière de celle-ci, gagner une croisée de chemins.

❹ Monter à droite en laissant à gauche le chemin des Bels. À travers les fougères, gagner la crête.

❺ La suivre à droite sur 100 m et atteindre le roc de Peyre-Caussile. Continuer par le chemin en forêt vers le col de Portel. Passer devant un abreuvoir et un petit refuge, puis atteindre le col. Emprunter la route à gauche sur 20 m.

❻ Monter par la piste à droite au Cap des Campels (1 504 m ; *par temps clair, vaste panorama : plaine de Toulouse, massif de Tabe, pic Carlit, pic des Trois-Seigneurs, massif de Bassiès, Certescans, mont Rouch, mont Valier et pic du Midi de Bigorre*).

❼ Suivre la clôture vers l'Est, emprunter la D 72 à droite sur quelques mètres, puis s'engager à droite sur le chemin forestier qui descend et débouche sur une piste. La prendre à gauche pour rejoindre la bifurcation.

❷ À gauche, regagner le parking.

Ne pas oublier

À voir

 En chemin

■ points de vue sur la chaîne pyrénéenne

 **Dans la région**

■ tour Lafont : table d'orientation ■ col de Port : panorama ■ vallée de Massat

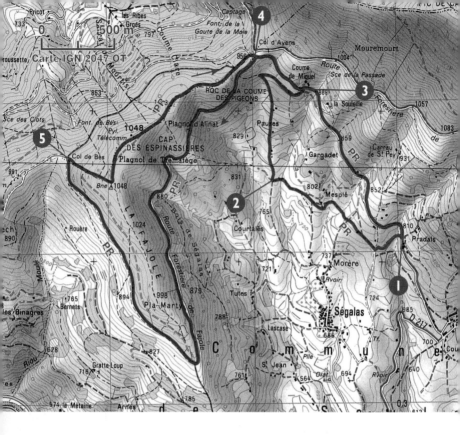

Les roches jumelles

Outre la vue splendide qu'offre le col d'Ayens sur la chaîne ariégeoise, ce site recèle une autre particularité, plus discrète, mais étonnante… Un peu à gauche de la table d'orientation se dressent deux énormes blocs de pierre abandonnés là par un glacier et qui paraissent s'appuyer l'un sur l'autre. En réalité, seuls de la terre et des gravats assurent la jonction entre les deux géants de pierre. Or, une antique tradition orale locale veut que « lorsque les roches se toucheront, les filles et les garçons s'embrasseront » ! Et les plus anciens de raconter qu'autrefois la jeunesse des deux vallées faisait joyeuses fêtes sur le col pour « vérifier » les pierres ! À vous d'y regarder à présent…

Vue sur le village de Soulan et la chaîne ariégeoise. *Photo A.B.*

La boucle d'Ayens

Girolle. *Dessin M.G.*

Cette double boucle autour des cols d'Ayens et de Bès traverse de belles forêts domaniales avant d'atteindre les crêtes. Une table d'orientation au col d'Ayens agrémente la découverte de ce superbe balcon sur les Pyrénées.

4 h • **10 Km**

1048m
800m

Situation commune de Soulan, à 16 km au Sud-Est de Saint-Girons par les D 618 et D 217

Parking Le Pradal (carrefour vers Las Plagnes ; ne pas gêner le passage), à 500 m au Nord-Ouest de l'entrée de Boussan

Balisage jaune

❶ Prendre la direction de Las Plagnes. À l'embranchement, s'engager à droite sur le large sentier qui reste à flanc de montagne sur 700 m et franchir un ruisseau.

❷ Monter à droite par un chemin plus étroit. Passer aux granges de Pauses. Le chemin dessine un large virage dans la forêt puis, en descendant un peu, mène à la piste forestière principale.

❸ L'emprunter à gauche et monter au col d'Ayens (956 m).

❹ Prendre la piste de gauche. Elle longe tout le flanc Est de la montagne, en restant à altitude stable, avant de passer sur le flanc Ouest et d'arriver au col de Bès (969 m).

Ne pas oublier

❺ Suivre à droite le chemin des Gardes. Il monte en ligne droite vers une borne, au sommet de la crête. La longer vers la gauche, passer le pylône de télécommunications et descendre au col d'Ayens.

❹ Prendre à droite la route forestière qui ramène au point de départ.

Grange. *Photo A.B.*

À voir

 En chemin

■ col d'Ayens : panorama, table d'orientation, roches jumelles ■ forêt domaniale

 Dans la région

■ vallée de Massat ■ plateau et granges de Cominac

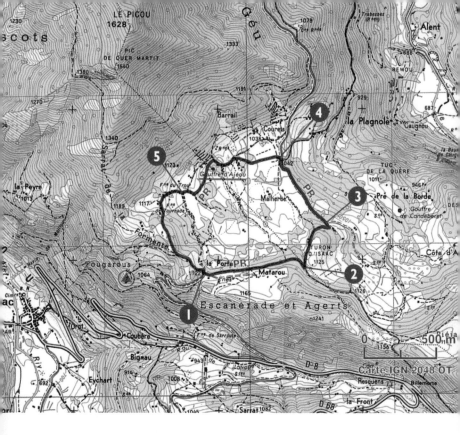

Les granges à pas d'oiseaux

Grange « à pas d'oiseaux ». *Dessin M.G.*

L e plateau d'Ajéou a gardé l'une des particularités architecturales de la Gascogne pyrénéenne : il s'agit de granges dont les pignons sont taillés en gradins protégés par une ardoise. Ces escaliers portent le nom de *penaüs* (pas d'oiseaux). Ce mode de construction facilitait le changement du chaume et protégeait de la pluie la jonction entre le pignon et le toit, évitant ainsi le pourrissement précoce de ce dernier. Les hypothèses ne manquent pas sur les utilités possibles de ces étranges toitures, mais on aurait tort de négliger le simple effet de mode entre paysans-bâtisseurs de la même région.

Le plateau d'Ajéou

Cette petite promenade autour du plateau d'Ajéou permet de découvrir un patrimoine rural encore très présent ainsi qu'un impressionnant gouffre.

2 h
3,5 Km
1122m
1042m

Situation Sérac-d'Ustou, à 35 km au Sud-Est de Saint-Girons par les D 3 et D 8

Parking bout de la route forestière, à 4 km à l'Est du village par la D 8 et la route forestière à gauche

Balisage jaune (*sentier 32*)

Grassette. *Dessin M.G.*

❶ Aux granges, prendre le chemin à droite. Il descend et s'enfonce dans la hêtraie. Passer devant un abreuvoir et gagner les granges du Turon-d'Isaac.

Ne pas oublier

❷ Franchir la clôture à gauche et suivre le chemin qui longe les granges puis descend sous les hêtres jusqu'à une piste pastorale.

❸ La prendre à gauche et passer à proximité des granges restaurées (*sur la gauche*). Peu après, arriver à une intersection.

❹ S'engager sur le sentier qui part à gauche. Laisser un pré sur la droite, puis monter dans un sentier bordé de murets et de noisetiers. Le chemin s'oriente à droite puis revient à gauche et longe l'entonnoir du gouffre marqué par un panneau.

▶ Possibilité de découvrir le gouffre d'Ajéou à quelques mètres.

Continuer par le chemin, parfois très humide, jusqu'à une source d'abreuvoir.

❺ Prendre le chemin de droite qui monte régulièrement dans des anciennes prairies pour rejoindre un groupe de granges, tourner alors à droite en remontant pour entrer dans le bois jusqu'à une clôture. Après celle-ci, aller à gauche et suivre la crête pour trouver un petit sentier qui descend dans les fougères. Il ramène au point de départ.

À voir

En chemin

■ granges du plateau
■ gouffre d'Ajéou

Dans la région

■ cirque de Cagateille
■ Aulus-les-Bains : station thermale ■ cascade d'Ars

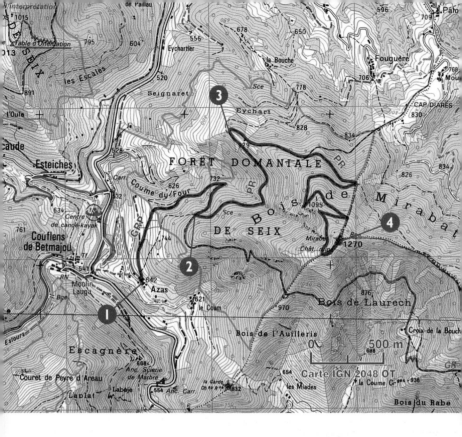

Le château de Mirabat

Pour accéder au château de Mirabat, on traverse une forêt de hêtres, ancien territoire des charbonniers. Ce château du 12e siècle, de facture assez classique (plan ovale protégeant un donjon carré), est un beau témoin de l'époque féodale. Incroyablement isolé (à une heure et demie de marche du premier hameau), il se voyait cependant de loin, et avait sûrement un aspect dissuasif sur les populations locales ; surtout, il devait permettre aux vicomtes du Couserans de surveiller les vallées donnant accès au comté de Palhars (Espagne), au Sud. Il ne reste pas grand-chose du château, sinon la partie Nord du mur d'enceinte, la base du donjon ainsi que les restes d'une citerne.

Château de Mirabat. *Photo A.B.*

Le château de Mirabat

4h10 · 9 Km

1270m
642m

Randonnée ombragée sur les hauteurs boisées du haut Couserans jusqu'aux ruines du château de Mirabat, à travers une très belle hêtraie. La vue depuis le château justifie amplement la montée.

Situation Seix, à 19 km au Sud de Saint-Girons par la D 3

Parking 50 m avant le hameau d'Azas, à 3 km au Sud du bourg par la D 3 et la piste à gauche

Balisage

❶ à ❷ jaune-rouge
❷ à ❹ jaune (*sentier 3b*)

❶ Traverser Azas par l'avenue des Châteaux. Au niveau d'un abreuvoir, prendre une ruelle à gauche. Elle se transforme en chemin de montagne. Passer un éperon et entrer dans la forêt. Le chemin effectue un grand virage et monte à un carrefour.

❷ Tourner à gauche et longer le flanc Nord de la colline jusqu'à une intersection (960 m).

❸ Prendre à droite le chemin qui monte en lacets jusqu'au sommet (*ruines du château de Mirabat*).

❹ Descendre par le même itinéraire.

Joubarbe. *Dessin M.G.*

Ne pas oublier

À voir

En chemin

■ hameau d'Azas ■ hêtraie
■ ruines du château ■ point de vue sur le massif du Valier

Dans la région

■ Seix : église, château
■ Salau : église (ancien prieuré de Malte) ■ cirque de Cagateille, vallée d'Ustou

Le Valier enneigé. *Photo A.B.*

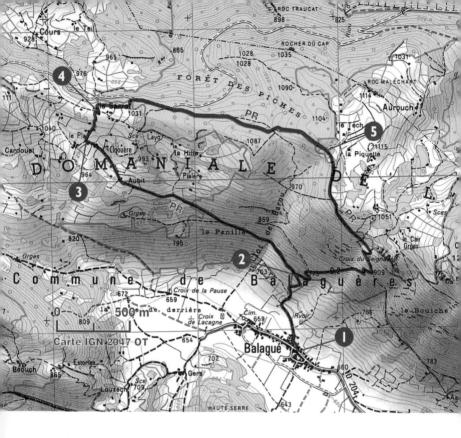

Les villages de granges

Le randonneur pourra être surpris de trouver autant de granges sur les hauteurs. Installées sur le versant Sud, ces granges d'altitude, dites « foraines », avaient pour fonction première de stocker le foin destiné au bétail pendant la période hivernale ; par souci de commodité, on les plaçait près des prairies de fauche et non au village. Le foin était entreposé au grenier par une porte s'ouvrant sur la pente arrière ou sur le côté Est de la grange. Le rez-de-chaussée était occupé par les animaux, qui passaient l'hiver sous le fourrage. On venait régulièrement faire tomber du foin dans la « drille » (grille de bois de la mangeoire) et faire boire les bêtes.

Les granges de Balagué. *Photo A.B.*

Les granges du Sarrat-de-Balagué

3 h
7 Km

1080m
660m

Cette boucle sur la *soulane* (versant ensoleillé) de Balagué, au-dessus du village et face aux ruines de la tour Sainte-Catherine, part à la rencontre des granges traditionnelles autour du col du Sarrat.

Lis des Pyrénées.
Dessin M.G.

Situation Balagué, à 12 km à l'Ouest de Saint-Girons par les D 618 et D 204

 Parking place du village

 Balisage jaune

❶ Sur la place, prendre la ruelle puis le chemin pavé qui part en direction du Sarrat, vers le Nord. Monter en lacets jusqu'à un croisement.

❷ Bifurquer à gauche et grimper dans la forêt. Les premières granges apparaissent 500 m après la lisière.

❸ Environ 200 mètres après un bosquet, monter à droite pour gagner le col du Sarrat (1 010 m) et ses granges.

❹ Au col, descendre jusqu'à la piste et la prendre à droite sur 1,5 km.

❺ À quelques pas de la lisière, quitter la piste dans un virage à gauche et s'engager sur le sentier à droite. Il reste à flanc de pente en sous-bois, arrive à découvert, passe devant une croix et descend en lacets jusqu'au croisement de l'aller.

❷ Descendre à gauche pour revenir à Balagué.

Ne pas oublier

Balagué. *Photo A.B.*

 **À voir**

En chemin

■ village de Balagué ■ granges du Sarrat ■ points du vue sur la chaîne

Dans la région

■ Balaguères : fromageries traditionnelles, tour Sainte-Catherine

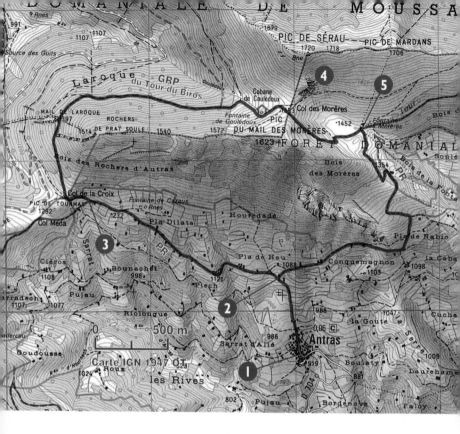

Fromages d'hier et d'aujourd'hui

Moulage des fromages. *Photo A.B.*

Les pentes herbeuses des montagnes du Couserans ont permis le développement de l'élevage et de ses produits dérivés, dont le célèbre et succulent bethmale. Qu'ils soient de vache ou de brebis, les fromages étaient fabriqués l'été en montagne car les troupeaux restaient en altitude. Le berger (ou le vacher) trayait les bêtes, chauffait le lait, le faisait cailler, l'égouttait, puis le mettait à sécher dans une cabane spéciale, le *mazuc*. Ce long travail fournissait une part importante de son revenu ; le fromage était d'ailleurs une denrée précieuse, puisque des archives du 15e siècle attestent que les droits d'usage de la montagne de la Morère se monnayaient en fromages.

Le tour du Mail des Morères

Au-dessus de la verdoyante vallée de Sentein et face aux impressionnants sommets du Biros, cette boucle sans difficulté allie le plaisir de la randonnée à celui de la découverte du patrimoine rural.

Morille.
Dessin M.G.

❶ De la place de l'Église, monter par la ruelle qui se transforme en chemin à la sortie du village et gagner une bifurcation permettant d'aller vers Bonac ou Irazein.

❷ Laisser le chemin de Bonac à droite et monter tout droit. Le chemin s'oriente à gauche pour s'élever sur le flanc de la montagne jusqu'au col de la Croix (1 250 m).

❸ Quelques mètres avant l'arrivée au col, le sentier rejoint le GR® de Pays du Tour du Biros. Au col de la Croix, monter à droite pour pénétrer dans la forêt. La traverser et passer le chaînon calcaire par la brèche. Continuer en forêt sur le versant Nord, puis en lisière, et monter à droite vers la cabane de Couledoux et le col des Morères (1 553 m).

❹ Descendre dans le cirque et atteindre l'extrémité du vaste replat, près de la fontaine des Morères.

❺ Laisser le GR® de Pays du Tour du Biros à gauche et tourner à droite. Marcher un peu à flanc de pente pour passer une croupe, puis descendre à travers une vaste prairie. Se diriger à droite sur 1 km et retrouver la bifurcation de l'aller.

❷ Descendre à gauche jusqu'à Antras.

Grange foraine.
Photo A.B.

4 h
8 Km

1553m
919m

Situation Antras, à 25 km au Sud-Ouest de Saint-Girons par les D 618, D 4 et D 704

P **Parking** église

Balisage

❶ à ❸ jaune
❸ à ❺ jaune-rouge
❺ à ❶ jaune

Ne pas oublier

LES SENTIERS DE GRANDE RANDONNÉE®

DANS LA RÉGION

GR® Sentiers
de Grande
randonnée

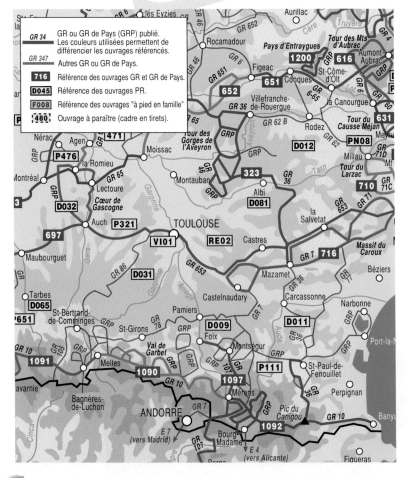

Randonner
quelques JOURS

Partir entre amis, en famille sur les sentiers balisés à la recherche des plus beaux paysages de France.

Les topo-guides des sentiers de Grande Randonnée® de la Fédération Française de la Randonnée Pédestre sont indispensables pour bien choisir sa randonnée.

Ces guides vous feront découvrir la faune, la flore, les sites naturels merveilleux, un vrai régal pour les yeux.

*Marcher, rien de tel
pour se refaire une santé.*

100 GUIDES
pour découvrir tous les GR® de France !

Où que vous soyez, où que vous alliez en France, vous trouverez un sentier qui vous fera découvrir d'extraordinaires paysages. Les topo-guides de la Fédération guideront vos pas vers ces lieux purs, naturels et revivifiants.

RandoCarte

Découvrez
tous les avantages
de la RandoCarte
pour randonner
en toute sécurité et
soutenir l'action de
milliers de bénévoles
qui aménagent et
protègent les chemins.

AVEC LA FFRandonnée

Partez d'un Bon Pas !

Une Assurance adaptée

Une Assistance 24h/24

Des Services personnalisés
réservés aux adhérents

De nombreux Avantages

Pour en savoir plus
et recevoir une
documentation détaillée :

Centre d'information
01 44 89 93 93
(du lundi au samedi entre 10h et 18h

ou consulter
notre site Internet :

Fédération Française
de la Randonnée Pédestre
14, rue Riquet - 75019 Paris
Tél.   01 44 89 93 93
Fax   01 40 35 85 67

www.ffrandonnee.f

BIBLIOGRAPHIE

Ouvrages généraux

- *Dictionnaire des Pyrénées*, éd. Privat.
- *Le grand guide des Pyrénées – France-Espagne-Andorre*, éd. Rando Éditions.
- *Midi-Pyrénées*, Guide Bleu, éd. Hachette.
- *Midi-Pyrénées*, Guide du routard, éd. Hachette.
- *Midi-Pyrénées*, Guide Vert, éd. Michelin.

Connaissance de la région

- Besset J., *Orris d'Ariège*, éd. Juin.
- Bourdie L., *Ariège d'hier et d'aujourd'hui*, éd. Daniel Briand.
- Chevalier M., *L'Ariège*, éd. Ouest France.
- Chevalier M., *La vie humaine dans les Pyrénées ariégeoises*, éd. Résonances.
- Claustre F., *Connaître la cuisine ariégeoise*, éd. Sud Ouest.
- Communauté de Communes de Mirepoix et de la Vallée Moyenne de l'Hers, *Histoire et Patrimoine en Pays de Mirepoix*, éd. Fenouillèdes Impression.
- Dejean M. et D., *Découvrir l'Ariège, Le Coteau*, éd. Horvath.
- Dendaletche C., *Les Pyrénées, La bibliothèque du naturaliste*, éd. Delachaux & Niestlé.
- Le Roy Ladurie E., *Montaillou village Occitan*, Folio, éd. Gallimard.
- Pailhès C., *L'Ariège des Comtes et des Cathares*, éd. Milan.
- Pailhès C., *Histoire de Foix et de la haute Ariège*, éd. Privat.
- *Ariège*, Encyclopédies régionales, éd. Bonneton.
- *Le Petit Futé Ariège*, éd. Le Petit Futé/Nouvelles Éditions de l'Université.

Hébergement

Gîtes d'étapes et Refuges, France et frontières, A. et S. Mouraret, éd. Rando Editions, site internet : www.gites-refuges.com

Cartes et topo-guides de randonnée

- Audoubert L. et Fauroux J., *50 balades et randonnées dans le Couserans*, Les Pyrénées pas à pas, éd. Milan.
- Audoubert L. et Killmayer A., *50 balades et randonnées en haute Ariège et en Andorre,* Les Pyrénées pas à pas, éd. Milan.
- Siréjol J. P., *Belvédères dans le Luchonnais et en Ariège*, éd. Rando Éditions.
- Véron G., *Couserans,* Le Guide Rando, éd. Rando Éditions.
- Véron G., Grassaud M., *Haute Ariège*, Le Guide Rando, éd. Rando Éditions.
- Véron G., Grassaud M., *Randonnées dans les Pyrénées ariégeoises*, éd. Rando Éditions.

De nombreux itinéraires « d'intérêt local » ont été créés à l'initiative de communes, intercommunalités, offices de tourisme ou encore d'associations. Les informations relatives à ces parcours sont disponibles dans les offices de tourisme et syndicats d'initiative locaux.

- Cartes IGN au 1 : 25 000 n° 1947 OT, 2047 OT et ET, 2147 ET, 2247 OT, 2048 OT, 2148 OT et ET, 2248 ET, 2249 OT.
- Carte IGN au 1 : 100 000 n° 71.-   Carte Michelin au 1 : 200 000 n° 235.
- Cartes Rando Éditions au 1 : 50 000 n° 6 (Couserans-Cap d'Aran), n° 7 (Haute Ariège-Andorre), n° 8 (Cerdagne et Capcir), n° 9 (Montségur), n° 22 (Pique d'Estats-Aneto).

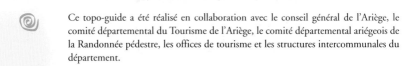

Ce topo-guide a été réalisé en collaboration avec le conseil général de l'Ariège, le comité départemental du Tourisme de l'Ariège, le comité départemental ariégeois de la Randonnée pédestre, les offices de tourisme et les structures intercommunales du département.

Les tracés et les descriptifs des itinéraires sélectionnés dans cet ouvrage ont été créés puis balisés et entretenus par les offices de tourisme, les structures intercommunales, les associations d'insertion et les bénévoles des associations de randonneurs du comité départemental ariégeois de la Randonnée pédestre.

Le texte de présentation « Découvrir l'Ariège », les descriptifs des circuits, les textes thématiques de découverte du patrimoine ont été rédigés par Olivier de Robert (Atelier pyrénéen du Patrimoine).

Les infos pratiques ont été rédigées par Anne-Marie Minvielle et la Fédération pédestre de la randonnée pédestre.

Les photographies sont d'Alain Baschenis (A.B.), de L. Bauer (L.B.), de Pierre Cadiran (P.C.), de Jean Clottes (Clottes/Niaux/CESTA), de Karine Chevalier (K.C.) de Richard Danis (R.D.), d'André Koess (A.K.), de Gwénaël Saby (G.S.) et de Dominique Viet (D.V./CDT09).

Les illustrations naturalistes sont de Marc Gilabert (M.G.).

La coordination de l'édition a été assurée en Ariège par Gwénaël Saby, du comité départemental du Tourisme, André Koess, du conseil général de l'Ariège, et Richard Danis, président du comité départemental ariégeois de la Randonnée pédestre.

Montage du projet, direction des collections et des éditions : Dominique Gengembre. Coordination éditoriale : Juliette Blanchot. Secrétariat d'édition : Philippe Lambert et Nicolas Vincent. Suivi de fabrication : Jérôme Bazin, Clémence Lemaire. Correction/lecture des descriptifs : Marie-France Helaers. Cartographie : Frédéric Luc, Béatrice Lereclus. Carte de couverture : Noël Blotti. Mise en pages : Béatrice Lereclus. Comité de lecture : Brigitte Bourrelier, Jean-Pierre Feuvrier, Élisabeth Gerson, Anne-Marie Minvielle, Marie-Hélène Pagot et Gérard Peter.

Création maquette : Florence Bouteilley, Isabelle Bardini – Marie Villarem, FFRandonnée.

Les pictogrammes et l'illustration du balisage ont été réalisés par Christophe Deconinck, excepté les pictogrammes de jumelles, de gourde et de lampes de poche, qui sont de Nathalie Locoste.

Cette opération a été réalisée avec le concours du conseil général de l'Ariège sous la présidence de monsieur Augustin Bonrepaux, député, le comité départemental du Tourisme sous la présidence de monsieur Bernard Piquemal, le comité départemental ariégeois de la Randonnée pédestre et la Fédération Française de la Randonnée Pédestre.

Pour découvrir la France à *pied*®

Vous venez de découvrir un topo-guide de la collection "Promenade et Randonnée". Mais savez-vous qu'il y en a plus de 200, répartis dans toute la France, à travers...

Une région   Un parc naturel

Un pays   Un département

Pour choisir le topo-guide de votre région ou celui de votre prochaine destination vacances, demandez le catalogue gratuit de toute la collection au
Centre d'Information de la Fédération Française de la Randonnée Pédestre,
14, rue Riquet - 75019 Paris - tél. : 01 44 89 93 93

ou consultez le site
www.ffrandonnee.fr
Les nouvelles parutions y sont annoncées tous les mois

INDEX DES NOMS DE LIEUX

Compogravure : MCP, Orléans
Achevé d'imprimer sur les presses de l'imprimerie Oberthur, Rennes